景気よし 不景気またよし

顺时而动

衰退中的企业经营
与日本政治

[日] 松下幸之助 —— 著
杨瑀桐 —— 译

[日]松下幸之助

松下电器(现"松下株式会社集团")创始人。

1894年,出生于日本和歌山县。9岁时,独自到大阪当学徒。23岁开始创业,一路带领企业成长为全球性集团。1932年,产生了自己的哲学——松下哲学。1946年,创办PHP研究所。1987年,应中国政府之邀在华建成合资工厂。1989年去世,享年94岁。2018年,荣获中国政府颁发的中国改革友谊奖章,被誉为"国际知名企业参与我国改革开放的先行者"。

代表作有《道:松下幸之助的人生哲学》《天心:松下幸之助的哲学》《道路无限》《开拓人生》。

目 录

第一章　化经济危机为改革契机 / 001

前所未有的经济危机 / 004

卖出去也收不回钱 / 007

同行之间难合作 / 009

经济衰退的恶性循环 / 013

股市低迷意味着人们对企业经营失去信心 / 016

如何让大众满意 / 020

不良的政府依赖症 / 023

转变思想,自主合作 / 026

特殊钢行业的崩溃 / 029

鲁莽的经营者 / 033

经济界引发百业萧条 / 036

自我反省,奋勇向前 / 040

小富即荣 / 043

问答环节　/046

第二章　经营者的社会责任　/093
在过度竞争中相继破产　/097
维护行业稳定　/099
亏本销售是一种暴行　/101
顶尖制造商的社会责任　/103
开拓新市场　/105
不可原谅的资本暴行　/108
为何物价会上涨　/110
收入增长超过物价上涨　/113
物价上涨的解决对策　/115
零售商的利润　/117
通往繁荣之路　/119
日本今日发展依赖于国外力量　/121
对政治的强烈要求　/123
经济界人士真正大显身手的时代　/126

目 录

第三章　秉持既对立又统一的精神 / 129

社会形势瞬息万变 / 132

以统一为前提的对立 / 134

进口原料，出口成品 / 137

有利可图才出口 / 139

苛刻的客户我们求之不得 / 142

降低成本，抑制物价 / 145

短期内物价不会下降 / 148

学习是为了什么 / 150

不平衡的国家——日本 / 153

为工会成立大会致辞 / 156

工会的新使命 / 159

万事万物都在不断发展 / 161

事物都会自然消亡 / 164

不断革新 / 167

一亿人一亿种职业 / 169

探寻繁荣之路 / 172

开阔眼界，活用一切 / 175

第四章　形势好好，形势不好也好　/ 179

为何日本经济会发展　/ 183

消化吸收国外技术　/ 185

政治扶持必不可少　/ 188

美国废除了消费税　/ 192

政治层面存在损耗　/ 194

秩序越好，物价越低　/ 198

纳税后才到国民出场　/ 202

做国家的主人　/ 204

顺应衰退，逆风成长　/ 206

增长率由企业自主决定　/ 209

形势不好也好　/ 212

问答环节　/ 214

第五章　经营当以人为本　/ 241

使命感是经营之基石　/ 244

欣然接受提议　/ 247

公司发展得益于平凡之力　/ 249

超乎常人的热情　/ 251

目 录

责任在于社长一人 / 254

评估自身适应性 / 258

无知反而效率高 / 260

以神与国之名实施暴行 / 262

不忘人类之伟大 / 264

量力而行的经营 / 267

经营需要不断创新 / 271

前景光明 / 275

身为日本人的自豪 / 277

问答环节 / 280

第六章　以顾客之喜悦为自身之喜悦 / 289

被铃木先生的热情打动 / 292

酒店经营不易 / 295

优质服务源于使命感 / 297

在工作中打磨自己 / 300

享受带给别人喜悦的过程 / 303

胸怀大志的酒店服务生 / 305

服务生的工作也是一种经营 / 309

职场是人生最好的修炼场 /313
喜悦带来福泽 /316
在痛苦中成长 /319

松下幸之助生平年表 /323

第一章

化经济危机为改革契机

・股市低迷加剧经济危机，导致国民逐渐对经济和市场丧失信心。经营者必须全身心投入企业经营活动中以保障股民利益不受侵害。

・只有鲁莽、轻率的经营者才会不惜以压低价格、牺牲自身利益的方式来击垮竞争对手。经营者必须坚定信念，决不能做亏本买卖。

・经济界在向政府求助前必须先端正自身态度。唯有如此，政府给予的援助才能真正化为融入我们骨肉的力量。

第一章　化经济危机为改革契机

我是刚才承蒙介绍的松下，请大家多多关照。

今天我演讲的主题是"谈谈我的经营历程"，也就是主要讲讲我过去的经营经历。我今天大体上会围绕这一主题进行演讲，但可能多少也会有跑题的情况出现，对此还望诸位见谅。

前所未有的经济危机

我认为这是一次千载难逢的机会,所以希望今天不只是我一人讲,而是能与在座的诸位共同探讨、相互学习。

在我看来,日本经济界将会面临一段极为艰难的时期。纵使我长年沉浮于商海,也从未遇到过如此严峻的境况。1927年至1930年间,各种问题层出不穷。当时的问题在形式上比现在还要严峻,银行接二连三地倒闭,问题非常严重。彼时就连为宫内省保管金库的十五银行这样的一流银行也逃不过破产倒闭的命运。同一时期,总部位于大阪的近江银行、藤田银行等也纷纷倒闭。可以说当时日本的经济已经陷入了穷途末路的境地。

当时的情况确实闹得人心惶惶,但是我认为从本质上来看,即便是当时那样严峻的境况也无法与今日相较。

第一章　化经济危机为改革契机

彼时的经济界与如今不同，当时的企业一般靠自己的本金开展独立经营，而不是像如今这样以借款为资金主体。在这种情况下，银行的相继倒闭给储户们带来极大的损失，也让企业客户陷入窘境。然而，即便身处如此困境，各家企业的经营者依然坚持开展独立经营。因此，从某种程度上来说企业实则是被银行拖入了困境之中。

当时我们与十五银行有业务往来，回想起来，当年银行倒闭时，我们还有存款在里面，公司的应收票据也都寄存在银行里。比起应还银行的贷款，我们存在银行里的资金更多。这在当时似乎是普遍情况，或者说是当时的一般趋势。

如今的企业将收到的支票贴现，并在一定程度上凭借信用从银行贷款，同时在银行里也持有一些存款。这样净算下来，企业手里掌握的银行款项多于银行手里掌握的企业款项。放在今天，如果银行倒闭，受影响最大的会是那些在银行存款的普通储户。商业公司大多数情况下都是借款方，负有还款的义务，并没有收款的权利，因此在这种情况下往往不会遭受损失。

当时的情况与如今还是有很大区别的。当时自然也有例外情况，大型公司往往会从银行贷款，但远不及如今这么多。

因此，虽然我们已经熬过了无数次经济寒冬，但像今天这样严峻的境况我还从未经历过。

第一章　化经济危机为改革契机

卖出去也收不回钱

回想当初，经济下行导致商品销量骤然下跌。公司库存积压如山，各家企业纷纷陷入困境。

当时我们一度卖得很好的产品也出现滞销，只得堆进仓库。当然那是很早以前的事，至少也要追溯到三十七八年前了。

当时公司陷入困境，我们采取了各种措施，不惜一切代价打开商品销路。尽管这并不容易，但万幸的是，当时只要卖出商品就能收回现款。

在那个年代，大家通常会在月底以现金形式付清。但如今，经济下行导致商品销量远不如预期。尽管销路不畅，但不遗余力地尝试过后还是能够谈成买卖的。不过即便谈成了买卖，也不知道能不能从对方那里收到现款。我想这就是如今与过去的极大差异。现今的境况要困难得多。

即使对比过去多次经济衰退，这次也是极其严重的。这就是我当下的认知。因此我认为，我们在企业经营方面存在相当大的问题。

努力清理存货是一方面，但另一方面，卖出去货能否收回现款也是一大问题。过去大家只需要考虑如何卖光库存就行，只要能把库存都卖出去，就能赚回钱。当然也有例外，但我认为总的来说当时是这样的。

因此我们必须认识到此轮经济衰退是不容轻视的，并从这一角度出发来看待所有问题。

今天，我想谈谈我在过去企业经营中的诸多感受，然后再以座谈会的形式与大家互相交换一下看法。我认为这种交流方式的效果会更显著，大家的发言也定能使我获益匪浅。此外，我还想谈谈当今财界对各行各业的影响，以及我们应当如何看待这一问题。

希望诸位在本次座谈会上直抒己见，畅所欲言。当然，我本人亦是如此。我迫切地想听到大家对于这些棘手问题的看法，还请诸位不吝赐教。

同行之间难合作

正如我刚才所说，如今日本的经济界存在诸多问题，但我觉得生产相关行业的问题尤为突出。

今天上午，我在食堂遇到了共荣火灾公司的社长宫城（孝治）先生，并向他询问了相关情况。我问宫城先生："宫城先生，我们两家公司的业务领域有所不同，你那边的情况最近怎么样？"他回答说："我们的业务目前还没有受到很大影响。保险行业原本就存在滞后性，当经济出现衰退时，我们通常会比其他行业晚一年左右受到影响，所以目前来看情况还可以。"

"你们的生意真是不错啊！"我不禁有些羡慕。但在仔细了解后我才知道，他们的协会只有大约二十家公司，他们在日本财政部的指导下有组织地开展密切合作，维持价格稳定，因此几乎没有发生价格波动。

过去，保险公司会根据商谈情况酌情给予客户一些折扣。我自己投保时，他们就曾给过优惠，虽然优惠力度并不大。当然，这都是几十年前的事情了。如今，各家保险公司已达成协议，不允许任何公司再进行上述行为，同时还规定保费必须预付定金。因此，目前保险行业经营状况十分稳定。但是，这种稳定是否能够长期持续下去就不得而知了。

听说诸位今天参会的目的之一是要了解当前经济界的大致情况，以便估测公司未来的发展状况。当前确实存在一些发展良好、令人羡慕的公司。

那二十几家保险公司在财政部的大力指导下相互理解，通力合作，形成了良好的发展局面，令人羡慕。我认为其他行业也应该这样做。然而，尽管的确可以这样做，但也要考虑到反垄断法的存在。有些做法是不被法律允许的，即便法律在某种程度上允许我们这样做，真到了要做的时候，又很难实现同行之间的合作。

我想给大家讲一件松下电器和另一家公司竞争

的事。当时有一款产品,只有我们两家公司在生产,两家公司十年前就开始相互竞争了。某次偶然的机会,我到负责这款产品的部门进行参观。参观过程中,我打听了一下这款产品的售价,结果令我大吃一惊。

因为,这款产品根本无法赢利,说白了就是在做赔本买卖。于是我便询问他们为什么要亏本销售,他们回答说:"我们也不想亏本销售,我们也想赢利,但是竞争对手的价格更低,我们也没有办法。以前我们的市场占有率还能达到55%,现在已经降到50%了。我们已经被挤占成这个样子,不能再继续任由他们打压了。因此我们只能把价格降到和他们一样的水平。"

但这种做法根本划不来,只能说是一种愚蠢的行为。既然做生意,那就必须努力赢利。通过经营获取相应的利润才是我们该做的。如果像这样双方都刻意压低价格出售,那么两方肯定都在赔钱。于是,我当即建议他们尽快与对方进行商谈,之后便回去了。但在那之后的大约八年时间里,双方并没有谈妥，还是在做着损人不利己的买卖。

如果只有两家公司都谈不拢，那十家公司就更不可能达成共识了。大约两年前，两家公司才终于意识到自己的所作所为毫无意义，于是相继把价格调整回正常的水平。这就是一个很好的事例。

由此我深感同行之间合作相当困难。其中一个原因是，无论是对自己还是对竞争对手来说，从全局视角来看，这款产品所占的比例极少，不足公司营业总额的百分之一；因此，双方都不会在这一款产品上计较得失。如果被人指出价格过高，势必会对其他产品产生影响，所以不如把价格定低一些，权当是打广告了。这样的事情时有发生。

经此一事，我认为如果经济界人士缺乏见识，或者说对于何谓正确认识不足，那么我刚才提到的情况很有可能在很多地方重演。尤其是在经济衰退时期，这种情况会更加频繁地发生。这是我们现阶段面临的最严峻的问题。

经济衰退的恶性循环

目前经济市场持续低迷,这一点想必大家也都知道。当然,在这种情况下也有部分公司管理有方,但总体而言,大多数公司都不得不降价、延期付款。

如此一来,公司效益便会逐渐恶化。当收益恶化到一定程度时,就会导致经济衰退。如果企业赢利的话,就会把赚到的钱用在方方面面,从而创造需求,经济得以繁荣发展。相反,如果公司无法赢利,就必须从其他方面想方设法填补亏空,开展所谓的经营合理化改革,或者换句话说,就是削减成本,从而减少支出。

就公司而言,减少开支是非常重要的,但在公众眼中,这往往意味着资金周转不开。这就成了经济衰退的诱因,所谓的衰退情绪便由此而起。如此一来,在衰退之上又引发了新一轮衰退。在我看来，这种恶性循环时至今日已经发展成了一个非常严重的问题。

听说银座的酒吧夜间已经不再灯火通明，想必日本全国各地也都是如此吧。如果银座的酒吧夜间关门，那么啤酒必然卖不出去。当下，一切都在以这种颓废的态势发展下去。但是我们不能就此一蹶不振，于是便有一些人开始呼吁，消除这种衰退情绪，以更加积极的心态重整旗鼓。

但总得有人来主导。说到应该由谁来主导，现在来看，必须承担起这个重任的是政府。尽管大家都这样认为，但事实上政府一直没有站出来。

众望所归的政府不来主导，我们自己主导又没有效果。在这种情况下，企业就不得不考虑如何生存下去了。为了生存下去，只得想办法进一步降低成本，这就导致了衰退之上的新一轮衰退。我认为这就是我们今天所面临的状况。

今天上午的报纸说日本7月上旬的贸易顺差达1亿美元，看来国际贸易方面出乎意料地顺利。通常来说，这种国际贸易的良好态势会带动国内经济繁荣。即使无法达到繁荣的程度，也能多少改善经济衰退的情况。这一点可以说是常识。

然而如今，这一本该成效显著的拉动作用也变得反常起来。我觉得这正是我们经济界当前所面临的巨大问题。

股市低迷意味着人们对企业经营失去信心

我们都想扫清经济衰退的阴霾情绪,可为什么市场却在加剧恶化呢?其中,股市的持续低迷是一个重要的心理驱动因素。

那些以股票的形式持有部分财产的人事实上损失了一笔财产。由此导致的负面情绪又会进一步加剧经济衰退。因此在我看来,股价也是一大问题。因为我不是很懂股票,所以如果问我如今的股价是否合理,我给不了肯定的答案,但也不难看出,目前的形势是万般不由人了。

我认为,股市低迷表明的正是人们对于企业经营的不信任。正因为人们对企业的经营缺乏信心,股价才会下跌。过去,在人们还没有对企业经营失去信心的时候,即便是没有分红的公司,股价也很容易超过50日元。然而如今,即使公司拿出10%的利润用于分红,仍然有很多公司的股价难以超过

50日元。

我认为，所谓的对企业经营失去信心正缘起于此。大家不知道未来会发生什么。尽管目前企业利润分红比例为10%，但未来可能会降至8%甚至不分红。减少分红是一件轻而易举的事情。在股票市场上有接受分红方和分红方两方，接受分红方是股东，而分红方是企业。如果企业减少分红，那么对于那些靠股票维持生活的人，将会是毁灭性的打击。假设他们将全部资产投资于股票，如果分红比例从12%减少到10%，就意味着他们的收入将减少近20%。对于这些人来说，问题的严重性不言而喻。而如此重要的问题，完全是由企业单方面决定的。说白了，这就是一种无耻的行为。

于是，大家都觉得股市非常可怕，这又进一步导致股价下行。我不太了解日本关于股票的法律规定，但假设投资一家公司，三年来企业利润分红比例始终维持在12%，我们通常就会认为这是一只不错的股票，进而继续买入。然而，当经济衰退来临时，甚至用不上三四年，仅仅一年时间就会让股息下跌2到4个百分点，甚至让人们完全拿不到分红。

在这种完全没有分红的情况下，如果公司表示："实在抱歉，但请您再忍耐一段时间，之后肯定会好起来的，请您见谅。"如此躬身请求股东们谅解的话，或许尚可接受。但实际上往往只是单方面的通知，这对于股东们来说是无法接受的。正是这种荒唐的情况，才闹得人心惶惶，股价萎靡不振。

日本股市曾一度十分大众化，颇受国民青睐。然而第二次世界大战后，日本的形势发生了变化，需要考虑的问题层出不穷。经济发展固然重要，但国民思想的稳定比经济发展更为重要。为了稳定国民思想，政府选择让人人都成为资本家。得益于这种方式，今天已经没有个人大资本家了，而是由大众持股参与企业经营。日本大概是世界上第一个采取这种做法的国家。

如此一来，所有人都成了股东，都或多或少地参与企业的经营活动。这是一种非常有效地捍卫资本主义的方式，我认为这都要归功于证券公司所做

第一章 化经济危机为改革契机

的努力和研究。到此为止，这无疑是一件好事，但是再往后可就没那么好了。正如我刚才所提到的，因为企业把股东的分红轻而易举地减掉了。

没有人喜欢自己的分红被削减。或许企业是迫不得已才这样做的，但股东们却被弃之不顾，收入日益减少。如果企业能够让股东们感受到深深的歉意或许也说得过去，但是股东们等来的只有一张股东大会的通知，告知他们分红比例降了 2 个百分点。企业就这样悄无声息地侵犯了股东的利益。

我深感，所谓的股东不过是手无实权的可怜人罢了。如此想来，大家不愿再持有股票，纷纷与投资信托解约，抛售手里的股票，在一定程度上则是无可避免的。

股市低迷会进一步导致经济衰退。好不容易稳定了大众的思想，现在却适得其反，反而引起了大众不满。我想如今在大众的印象里，企业经营、企业家和资本主义经济这些词大概都蒙上了一层恐怖的阴影吧。

如何让大众满意

如此想来，我们都应当经营好各自的企业，因为这不仅关乎社会的繁荣，更切切实实地影响着大众的喜悲。因此，我认为如今的经营者责任十分重大。

然而，从经营者的角度来看，理想与现实之间却存在着一道难以逾越的鸿沟。明明也不愿削减大众的分红，无奈赚不到钱，别无他法。如果硬着头皮给大众分红的话，很可能会像山阳特殊钢公司那样遭受指责。因为有了山阳特殊钢公司的前车之鉴，所以现如今大家都选择削减分红。

最近，我拜访了一位兢兢业业的企业家。在交谈过程中，我询问他为什么要把分红比例从10%降到8%。他回答："因为股价跌了，所以我觉得降到8%也说得过去。"听到这个回答，我说："怎么能这样做呢！股价下跌反倒应该多给大家分红啊。

第一章 化经济危机为改革契机

怎么能因为股价跌了就减少给大家的分红呢?"因为对方是个很随和的人,所以当时也只是当玩笑话说说罢了。

他是一位非常认真、严谨的企业家,但不可否认这也是当今经营者们的一个通病。这样的做法导致我们的经济迟迟无法复苏。

我们不需要那些只注重表面功夫的经营者。作为经营者,一定要竭尽全力保障股票分红,这种热情和干劲儿是绝对不可缺少的。然而,我们总是在新闻报道中看到同行把股息降到10%,自己也就跟着把股息降到10%。就这样你争我赶地相互削减股息。

有时候,在这种事情上费心费力也是无可奈何的事情。但最近我深切地感受到,作为经营者,必须不遗余力地专注于自身的经营事业,以维护股东的权益。

话虽如此,但是要真正实现赢利实属不易。有时候明知即使卖出去也是赔本买卖,却又不得不卖。这就是如今市场的冰冷现实。

因此我认为,当下经营者们必须勒紧裤带,全力以赴，当普通的法子行不通时，就要努力寻找其他良策，这是时代赋予当今经营者的最亟待解决的课题。

广大商界人士希望政府采取多样化措施以应对经济衰退。事实上，目前日本经济团体联合会等相关组织正在向政府发出呼吁。这种做法自然是极为必要的。之所以这样讲，是因为当今的经济界与政治界的联系极为紧密。政治运作方式的不同会直接影响经济的繁荣程度。因此，我认为政府理所当然应该正视此轮经济危机并采取相应措施，并且我认为政府的确是有此意愿的。

事实上，关于如何解决这一问题，或许当今政府还没有明确的计划。

我们企业家身上固然存在问题，但不可否认，政府也负有一半的责任。如果政府能够提前采取最恰当的措施，履行好这一半的责任的话，或许当前的经济衰退也就不会发生了。然而，政府虽然认识到了自己的责任，却没有拿出具体可行的措施，这才导致了今天如此严重的经济困境。

不良的政府依赖症

政府如今非常急迫。前段时间,他们组织了一场九十人的大型会议,与会者包括五十位财界人士以及来自各经济审议会的人士。当时我因有事没能参加此次会议,所以并不知道会上讨论了些什么内容,但我认为,如此大规模的会议绝对是前所未有的。

邀请九十位相关人士,就如何实现经济复苏问题开展研讨,对于这种积极的态度,我们的确应当报以谢意。但是,要求九十人在有限的两小时内讨论出有效的解决对策,我认为这种做法有待商榷。在我看来,这种行为本身就很成问题。或许今后政府仍会陆续邀请相关有识之士商讨对策,但作为经济界人士,我们必须保持清醒认知,不能对此抱有过大期望。

我们必须通过自身努力,连同政府的责任一同肩负起来，重塑健康、良好的日本经济体系。但事实上大家是否已经具备了这种觉悟呢？从目前的情况来看，我们仍然在过度依赖政府，对政府抱有不切实际的期望。

政府的举手投足都关乎经济界的命运，所以我们不得不一如既往地处处依赖政府。但是，尽管我们都期待着政府能够拿出切实可行的措施，政府那边却迟迟没有动作，最后吃亏的只能是我们。

像这样，一方面我们说要依赖政府，可另一方面又不能全都依赖政府。我认为针对这种情况，经济界人士必须通过自身努力拿出解决措施，在一定程度上缓和当前形势。

我们必须认真思考，能否将此次危机变成改革的契机，以实现进一步的发展。我认为目前有许多公司都抱有这种想法，相信随着政府陆续出台相关政策，还会有更多公司认识到这一点。

迄今为止，依赖政府已经成为我们的一种习惯或者说是无奈之举。然而，这种做法是否真的能够化解眼下的困境呢？我认为在考虑这个问题时，我们必须认识到此次危机非同一般，我们绝不能够再一如既往地依赖他人了。

转变思想，自主合作

关于我们究竟应该从哪里开始转变思想，具体而言，我认为即使行业状况不佳，也必须彻底推进自主合作。从过去的经验来看，想要实施自主合作几乎是不可能的。然而事到如今，我们必须着眼于实际行动，而不是空说大话。

我们的一条手臂已经被砍断，接下来，另一条手臂也将难以幸免。再下去我们即将面临的就是死亡的威胁。当我们四肢尚全时，大家都在自说自话，难以步调一致。但当我们遍体鳞伤后，或许出于某种心理，大家反而就可以在某种程度上达成合作了。在我看来，如果我们不能走上自主合作的道路以实现合理获利，那么经济界自身的发展绝无可能实现。

反观如今的态势，如果政府能够尽快出台一系列强有力的具体措施，我们就能够依照相应措施积极调整，重整旗鼓。然而，当下很难指望政府拿出可行的方案。

我认为，目前我们可以将政府侧的问题先交给政府来解决，而我们自身要做的则是努力实现我刚才所提到的彼此之间的自主合作。

迄今为止，我们业界从未召开过高层会议。如此庞大的行业，到目前为止各企业的社长却从未聚在一起讨论过业界未来的发展，这本身就是懈怠的表现。出于这种考量，自去年起，大家开始聚在一起互相交流，以便更好地了解行业的总体趋势。

有的公司认为目前行业仍在增长，有的公司认为今后行业整体将趋于平稳，而有的公司则认为行业将呈现下滑趋势。如此各持己见、各行其道是非常危险的。因此我们每个月都要召开高层会议，不是为了商定价格，只是为了基本把握行业的实际情况，对当前形势达成一定的共识。

在这个过程中，我们逐渐摸清了行业的整体情况。如今所有公司对行业的基本认知都大体一致。

有了这种认知和把握，我们自然就可以做出正确的企业决策。基于这些决策，我们甚至可以推进公司的经营事业更上一层楼。我认为这在一定程度上就是成功的。更进一步来探讨，就要涉及反垄断法律法规等相关问题了。但是现在谈论这个问题还为时过早。目前阶段我们首要的任务就是要达成行业共识。在我看来，各行各业都应尽早通过高层会谈达成行业基本共识。

因此，我们应当从对行业的理解出发，判断业界今后的走向，再基于此，决定公司未来的发展。如果我们能够更为恰当且有效地做到这一点，并在此基础上，本着相互合作的精神，探讨具体可行的措施，实现互利共赢的话，我想整个行业一定会稳中向好。如今我们正处在一个过渡期，这种做法对我们来说是极为必要的。然而，现在我们却处于一种非常涣散的状态。

特殊钢行业的崩溃

我突然想起一段经历。大约是去年的夏天或是刚入夏时候,一家特殊钢行业的龙头企业的经营者提出想和我见一面。我原本不太了解那家公司的情况,也不认识这位老板,但因为有熟人在中间搭线,所以我还是决定简单地和他见一见。

据对方说,他们长期深耕于特殊钢制造业,并且已经小有成就。但是从两年前开始,他们的生意遇到了困境。他们认为像自己那样的小型企业终究无法在竞争中长久地立于不败之地,于是希望能够加入我们公司旗下。

我回应他道:"我们的业务完全不同,这件事没那么容易啊。"对方却说:"我们公司只生产一种产品,多年来我们深耕于此,已经占据了一定程度的市场份额。但是最近另一家制造商也开始生产这款产品,并且售价比我们便宜30%。为此,我们只得降价30%。但如果降价30%的话，我们就会亏损，因此左右为难。但是，我们不得不参与这场竞争，所以也硬着头皮与他们较量了一番，结果赤字却越来越大，大到已经无法承受的地步了。所以请将我们收入贵公司旗下吧。"我想他们是考虑到松下电器与他们虽没有业务往来，却有特殊钢产品相关需求，所以才来提出这个请求的吧。

我接着问道："你说你们公司专注于这个领域，那么你们工厂的体系架构足够精简合理吗？""是的。""那按照这个道理，比你们的产品便宜30%的那家公司，他们的工厂体系架构岂非更加合理？如此即便他们的产品定价低于你们30%也依然能够赚到钱，不是吗？"

他回答："绝非如此。因为是同行，所以我对他们十分了解。我很清楚生产的工序。如果以低于我们售价30%的价格定价的话绝对会亏本。但是那家公司的产品并非仅此一种，所以这一款产品的亏损对于他们来说并不算什么。即便这一款产品便宜30%会给他们造成几千万日元的损失，从整体来看这点钱也不过是九牛一毛罢了。"

虽然没有经过实际调查我无法下定论,但是我隐约感觉这个人说的应该是事实。

但我还是回道:"但是这也不太好办啊。我原本以为特殊钢是非常重要的产品,这个行业的从业者们都赚了不少钱,但这么一听,现实情况跟我想象的相去甚远啊。现下你们公司的确遭遇了困境,但是我们也很难替你们收拾残局。我们的确在使用一些特殊钢产品,但是我们公司本身是不涉足特殊钢业务的。不过我认识另一家从事特殊钢业务的公司,不知道他们会不会接手,不如我介绍你们认识吧。"就这样,我把上面提到的那家公司介绍给了他。

当时在我看来,特殊钢这种产品大有讲究,并且极具竞争力。这是去年春天的事情。在那之后不久,特殊钢公司开始接连倒闭,就连日本特殊钢公司这样的企业都没能逃过破产的命运。最后的结果想必诸位也知道,山阳特殊钢公司因负债500亿日元而宣告倒闭。

虽说这算是例外,但也反映了当今日本社会状况的一个侧面。如果大家都这样做的话,那么整个日本经济将毁于一旦。

鲁莽的经营者

为什么会发生这种事情呢?我认为这一切都缘于经营者的冲动行事。整个行业都会被这种人压垮。报纸上已经报道过多次,所以我在这里也就不绕弯子了。我们来看山阳特殊钢公司的做法,他们以极为低廉的价格刻意压价出售。

山阳特殊钢公司刻意压低价格,因此其他的特殊钢公司也不得不降价。山阳特殊钢公司产量大、价格便宜,所以影响很大。如果你想继续从事这个行业,就必须降价销售,然而降低价格又势必赔本,这就导致企业接连倒闭。山阳特殊钢公司在这场竞争中虽然坚持到了最后,却付出了惨痛的代价。如果这样的经营者在行业中占据主导地位的话,那么想必行业内的所有企业都会跟着倒霉吧。

因此我认为,经营者的世界观、人生观和事业观都是非常重要的。当然,竞争也是必要的,因为竞争会促进发明创造。但是我认为，过度竞争反而会摧毁整个行业。在这方面我们必须时刻保持谨慎。

山阳特殊钢公司刻意压低售价，迫使同行也随之降价的行为损人又不利己。我认为这一切要归咎于其社长本人薄弱的世界观和人生观。如果当时银行就告知他"不能赢利就不要急于扩张。我们可以贷款给你们公司运转所需的资金，但是想扩张必须自己融资"的话，或许这种事情就不会发生了。因为这样的话，即使他们想干也没有足够的资金作为支撑。

他们一边亏本销售，一边不断鼓吹自己的市场占有率多么高，这样一来银行便会把钱借给他们。拿到贷款之后，他们又会不断以此打压竞争对手，同时自身也在持续亏损。然后在资金方面，他们通过作假让银行放心地把钱借给他们。

正是由于第二次世界大战前贷款购买设备非常容易，才出现了今天这样一批社长。如果让一个信念坚定、态度端正、从不做任何赔本买卖的人担任社长的话，那么从银行借钱购买设备，无论对公司、对消费者，还是对社会来说都是有利的。在这种情况下，银行的贷款才能物尽其用，否则贷款将会给社会埋下巨大隐患。

如此看来，我认为银行的贷款规则也非常成问题。如今在日本，人们很容易贷到款。只要打着改良设备、走近代化路线的旗号，政府就会鼓励银行放贷。需要资金的实体企业利用政府的态度不断扩张，结果就出现了特殊钢行业这样的例外事态。

极端的借贷政策在某些情况下就会导致这种情况的发生。虽然像山阳特殊钢公司这样给大众造成极大损失的案例并不算多，但有此倾向的一些做法在今天随处可见。

经济界引发百业萧条

据我所知，有这样一家企业。它信誉良好，很有地位和影响力，因此银行对于贷款给它感到非常放心。他们用借来的钱做些什么呢？一方面是用于设备改良，另一方面则是用于扩大销售网络。具体来讲，企业成功地从银行贷款后，因为资金充足，于是跟合作伙伴松口说，"我们是大公司，不缺钱，原本应该每个月回收的货款你就两个月一结吧"。

如此一来，那些手头拮据的合作伙伴纷纷向这家公司申请延长结款周期，慢慢地，原本应该一个月一结的货款，变成了两个月一结、三个月一结，甚至六个月一结。最终，这家企业与合作伙伴之间变成了委托销售的关系。此时再看那家企业，已经身负巨额银行债务。

银行却对此毫不知情。他们只知道这家公司规模庞大，为了改良设备、扩大销售网络，他们肯定

第一章　化经济危机为改革契机

需要资金来周转。因此银行放心地把钱贷了出去。就这样在不知不觉中，经济寒潮席卷而来。

如果是在第二次世界大战前，出现这种情况，那家企业早就倒闭了。但是，如今人们在处理这类情况时十分宽容。银行只是鼓励他们说再加把劲儿，然后照样把钱借给他们。几乎没有企业因此而倒闭。

到最后，就连跟这家企业合作的那些企业经营也变差了。原本应该一个月一结的货款变成三个月一结后，他们手里的钱变多了，于是各种乱花。有的装修店铺，有的游玩消费，甚至因此导致夫妻不和，丑态百出。

这无疑是在助长社会丑恶的一面。可以说，这种现象的确无处不在。诚然，像山阳特殊钢这样将自己彻底搞垮的公司并不多见，但我认为像我刚才所提到的现象却不在少数。这也是加速经济恶化的原因之一。

造成经济衰退的原因来自方方面面。因此，可以说当前的经济困境是由经济界一手造成的。换句话说，是经营者自身的错误判断和天真想法导致了经济衰退。

但如果从另一个角度来看的话，则是由于政府过于纵容，或者说是漫不经心。而企业又轻易地相信了政府的判断。这就是导致此次危机的原因。如果无论政府如何说尽好话我们都不轻易相信，而是选择依靠自身独立经营的话，就不会如此了。

然而，政府过于乐观了，我们也在这种乐观的氛围之中变得飘飘然。这就导致事件不断膨胀发酵。不仅如此，还引发了我刚才所提到的一系列事件，连平民百姓也被牵扯其中。

今天中午我路过了一家弹珠游戏厅。我不理解为什么游戏厅从早上开始就人满为患，如果说那里是娱乐度假区的话倒还可以理解。平时勤勤恳恳地工作，好不容易有了二十多天假期，当然可以去娱乐度假区玩玩弹珠游戏。但那里位于市中心，隔壁的车间里装卸工人们正在挥汗如雨地辛勤工作，而另一边的游戏厅却日日爆满。这就是日本的现状。在我看来，这种情况还要归咎于经济界和政府管理的松懈。打造娱乐休闲胜地的确是件好事。但是，不把弹珠游戏厅建在娱乐休闲区，却建在城市最繁华的办公地带，这就很成问题了。

在我看来，发生这种事情，责任既在经济界，也在政府。政府和经济界必须对此类事件严格把关，否则日本经济很难健康运转。我认为当下是最需要经营者重拾经营者初心的时候了。

自我反省，奋勇向前

我们必须勤于反思过去做过的事情。但是如果其结果只是为自己曾犯下的过错而感到痛苦万分的话，那么反省不仅成了无用功，反而会加速经济衰退。因此，我们必须将反省化为前进的动力，带着卷土重来的勇气踏上正轨，一往无前。这才是我们应当努力的方向。

我认为，如果让日本国民养成良好的习惯，掌握正确的思维方式的话，日本必将以此次经济衰退为转折点，转而进入快速发展时期。否则，此轮衰退只会进一步恶化。

在本轮经济衰退中，我们是积极地反思过往，更加勇于朝着正确的方向大步向前？还是沉溺于过去的错漏，丧失勇气，以更加悲观的态度面对未来呢？我认为现在的我们在考虑未来时，必须意识到自己正处于这样一个十字路口。

第一章 化经济危机为改革契机

并且我认为,该对政府说的话我们一定要说。现在我们主要是呼吁政府提供救济。要求政府为我们提供方方面面的援助,这自然是必要的。但是,我认为除了呼吁救济之外,我们也要时时鞭策政府,督促他们完成那些必须完成的使命。我们需要明明白白地告知政府,我们已经做到了所有力所能及的事情,但政府什么都没做。如今已经不是向政府申请援助的时候了,我们必须站出来鞭策政府。

当政府真正意识到问题之后,我们再向政府提出具体应该如何去做。也就是说,我们要在讲明事情原委后再提出自己的诉求。当政府说"我明白了,我明白了"时,我们才能对政府提出具体诉求。

我们必须端正态度,向政府发出呼吁。否则,以我们目前的态度来向政府申请救助的话,政府只会按照要求设法满足国民意愿,而不会关注事情的起因,永远无法得出明确结论。这就使得情况越来越糟。这种做法会使国民对政府愈加依赖,最终导致国民把责任全部推卸给政府。这种做法是绝不可取的。

政府如今还没有出台切实可行的政策。事实上我认为他们或许仍未判明当前的局势。如果在这种时候，有人提出具体的复兴方案的话，他们就不得不接受。但是如果全盘接受的话，又会出现救助山一证券公司的那种情况。因此，关于这种救济究竟是否为良策，我仍旧心存疑虑。

因此，我认为现在不是向政府求助的时候。向政府寻求帮助固然必要，但在此之前我们必须先端正自身。唯有如此，我们才可以向政府提出我们的诉求。只有在这种情况下，政府所提供的援助才能真真正正化为我们的内在动力。如果现在就急于提出要求，所得到的也不过是一时的援助，这样导致的后果必然会更加严重。

我认为，经济界人士必须认真思考这一问题。因此，我们必须彻底进行自我调整，谨防陷入竞争的旋涡之中。

小富即荣

A、B两家公司相互竞争，媒体和公众对此很关注。今天讨论说A公司会笑到最后，明天又认为B公司也不甘示弱，说不定会是最后的赢家。简直像相扑比赛一样一定要较个输赢。这样一来，公司的经营者和员工们就会被这种氛围所煽动，拼命要与对方一较高下。今天你生产100件，明天我就生产120件。这种时候，利润反而成了次要关注点。

经营不是作秀。我认为那些将经营活动渲染成一场闹剧的媒体实在不像话。我希望看到更多对经营活动的严肃批评。我认为，媒体应该多关注那些扎实做业务，为社会做贡献的企业。但是媒体往往觉得公众对此类报道不感兴趣，于是便专门去报道哪家公司怎么样啦，今天超过谁啦，明天又被谁超过啦，等等。如此煽动之下，往往有大事发生。

仔细想来，如今的日本，无论是经营者还是

劳动者都在这种激愤的环境中被媒体煽动得晕头转向。

关于这一点，我认为公众也有错。若要追究起是谁让媒体如此肆无忌惮的话，或许答案就是今天的这个社会吧。人们总是把媒体报道的内容作为谈资，而新闻媒体自己不会对此视而不见。也就是说往往是我们自己煽动了自己。对此我认为，我们必须摒弃这种不健全的思想观念，认真踏实地思考问题的本质，坚定不移地走自己的路。换言之，就是国民的精神教育被忽视了，取而代之的是以物质为标准进行一切判断。

这种做法对于经济界来说堪称灾难。因此，我们应当更多地推崇小富即荣的理念。

细细想来，我们迄今为止的所作所为，都是缘于缺少小富即荣的精神。我们总以事大为贵，却忽视随之而来的巨大伤害。我认为这个问题需要我们每一位经营者认真思考。

下面我们可以相互交流一下如何渡过此次难关。希望在座的诸位能不吝分享自己的经营之道，以供大家参考学习。目前大家都面临着不小的难题,所以希望我们能够有效地利用接下来的时间交流想法,相互学习。我的发言到此结束,谢谢大家。

问答环节

1. 需求是无限的

提问者： 刚才您讲到，经营者首先要端正自身，然后再向政府提出诉求。我对您的这一观点印象十分深刻。座谈会第一天，中山素平先生（时任日本兴业银行行长）提到，目前为实现经济复苏，首先要考虑的问题就是降低银行利率。通过这种方式在一定程度上给予企业激励。要做到这一点，政府必须先稳定物价，如果做到了这一点，银行利率还可以降得更低。此外，日产汽车公司的川又克二社长也讲到，为了解决今后经济复苏的问题，政府必须考虑对非洲和东南亚进行中期定期付款，通过财政支出来扩大需求。同时他还强调，经营者必须更加认真地思考开发有效需求的问题。

诚然，经济发展到今天，在一定程度上是由社会环境带来的自然增长。我这里用"自然"这个词可能有些不妥。同时也伴随着资金投入和技术创新。但是，我认为在发展有效需求这方面，我们的努力仍显不足。立教大学的野田一夫教授也说，经营者自身必须去创造需求。比如像本田技研公司的社长那样，更多地关注潜在需求，或者说关注产品适合哪些领域，抑或从销售额角度分析，哪些产品属于实际需求的范畴。我对此深有同感。

关于这一点，松下先生您怎么看呢？

松下：我对您的看法颇有同感。需求是无限的。用"无限"这个词可能有些夸张了。但是我们可以回想一下，一百年前日本人的消费生活与如今可以说是有着天壤之别。今天人们的消费水平已经明显提升。可以想见，下一个百年，社会消费会以更加迅猛的态势不断增长。随着人们生活方式和生活内容逐渐丰富，需求也会进一步增加。这是历史的经验。

将美国和日本两国的消费体量进行比较不难发现，美国的体量是日本的5倍。虽然不同的具体品类，情况有所差异，但平均来说美国是日本的5倍。

由此可以推算美国的生产总值也是日本的5倍。从国家预算角度来看，日本的预算是3.6万亿日元，而美国的预算是36万亿日元。这些钱都是国民以税金的形式上缴的。美国的人口约为日本的2倍，而这些人口向国家缴纳5倍于日本的税金。但是，这并不表明美国的税率一定高于日本。事实上，最近美国的税率是低于日本的，因为去年一月美国进行了一次大减税。如今美国又要削减40亿美元的消费税。

无论怎么说，美国的生产总值都是日本的5倍，消费体量也是日本的5倍。那么美国为什么可以做出这样的预算呢？因为美国采取了开展需求教育的方式来刺激需求。我们也必须大力开展需求教育，也就是告诉国民他们会过上更加幸福的生活。

或许诸位已经在一定程度上做到了这一点。我相信有些公司已经在开展需求教育，既然要开展教育、刺激需求，我们的生产也要跟得上。目前来看，我们的生产仍显不足。因此从原则上来说我同意您的意见。我认为如果以需求可以无限增长为前提，将我们刚才的观点结合起来是很好的。因此，我赞成您的看法。

但是我们也必须考虑如何与政府打交道。如果政府足够贤明，的确采取了适当措施，那我们大可以把心放到肚子里，但现实情况并非总是如此。无论由谁来担任政府官员都是一样的，毕竟人无完人。但是，政府的做法一定要切合实际。

目前国民都在期待政府拿出得力举措。不仅仅是经济方面，大家也期待着政府在外交和国内治安方面采取一些强有力的措施。

事实上，如今国民夜不安枕都是因为他们的心不安。京都的木屋町是一条别有风情的街，但如今因为治安问题甚至到了难以通过的地步。因此我认为，政府的首要任务就是有效解决治安问题，因为国民自己无法解决治安问题。国民可以搞商业，搞生产，搞经济，也可以组织会议来商谈并制定方针，或者可以成立经济团体联合会，协调行业活动，但这些都无法有效地解决治安问题，唯有政府才能解决治安问题。对于这种必须由政府来承担的责任，我们是无可奈何的。所以我想说的是，我们必须依靠政府，但绝不能只依靠政府而丝毫无所作为。

2. 如何帮扶中小企业

提问者：这次对于遭遇危机的山一证券，政府提供了无担保无利息的贷款。这是基于国家的各种政策而不得已采取的措施，但同时我们也在思考：对于普通的中小企业来说，有没有什么更好的解决方法呢？

政府的确做了不少事，例如确保中小企业金融公库资金充裕，以供企业借贷。但是，这些贷款是有严格的附加条件的，当然这也是应该的。我记得去年还是前年年底，国会通过了关于承包商支付款项的法案。但据川又先生昨天所说，零部件行业和汽车行业经过一系列讨论，最终并没有将其落实执行。

当前经济环境恶化，大型公司无力支付欠款，这都是无可奈何的。在我看来，根本的解决方法就是提高企业自有资金占比，除此以外别无他法。

为此，我希望政府能够出台一些新的政策来进行干预。因为眼下的问题并非大型公司或者中小型企业能够凭借自身力量加以改善的。如果真能如愿的话，我们也就不必过于担忧了。对此松下先生有何高见呢？

松下： 对于类似日本这样的中小企业聚集型国家来说，其产业活动都是以中小企业为中心开展的。因此，推动中小企业健康发展是极为重要的政治课题。政府必然要思考如何帮扶中小企业，引导其走上正轨。但要落实到具体行动上，还是比较困难的。

在我看来，向筐里注水是不错，但如果不堵住筐眼，水会全部流走。因此，我们在将资金注入筐中的同时，还要将筐眼堵住。我认为这就是日本目前的问题所在。

所以帮扶中小企业仅仅提供资金是不够的。这就好比向筐中注水，中小企业就是这个筐，而我们必须把筐眼堵住。有些企业是自己去堵住筐眼的，那么这种情况，注入企业的资金都会留在筐中成为活动资金，供企业用于各个方面。如此一来，企业的境况就好转起来了。

但是，如果筐眼没有堵住却反而越开越大的话，政府向其中注入资金，也只能加快漏水的态势。因此，中小企业首先必须思考如何堵住筐眼，同时政府也要对中小企业提出相应要求。

此外，还有关于大型企业拖欠中小企业款项的问题。为什么大型企业要这样做呢？以牺牲中小企业的利益为代价来谋求自身发展的做法实在令人不齿。

或许有人认为，既然企业在资金方面如此不堪重负，那干脆停产好了。事实上，这样做只会加速经济恶化，问题会更难解决。行不可为之事会使现状进一步恶化，而行当行之事则会让境况逐渐好转。因此，我们必须以更为严肃端正的态度对待款项支付这件事情。

放眼如今的欧美国家，美国是战胜国，但是它付出的物资代价也是最沉重的，这就解释了他们巨大的资金消耗。欧洲国家几乎全部是战败国，毕竟被德国占领了两年多。德国尽管最初并不是战败国，但最终也因为输掉战争成了战败国。因此，在第二次世界大战中，几乎所有国家都是战败国。美国虽然不是战败国，但其耗费的物资比战败国还要多。

欧美国家与日本的不同之处在于，他们对待生意的态度非常严肃。他们通常会在月底支付现金而不是支票。因此，尽管他们没有出现急速发展的时期，但仍旧凭借着一步一个脚印的精神持续地走到了今天。比如，德国在第二次世界大战中受到重创，整个国家被一分为二，各方面情况都差到了极点。

尽管如此，大阪府和大阪市前不久还是向他们借了4亿马克用于城市建设。一个是贷款国，一个是借款国，二者状况天差地别。提供贷款的国家并没有因支票交易而信用膨胀，反而是日本正在出现信用膨胀。其结果就是看上去我们实现了发展，但事实上却受困于其反作用力而不得不四处借款。

如此看来，我们必须将目光投向未来，而不能再沉溺于过往之事了。对于管理者来说，我们必须思考今后应该如何做。我们不能把1日元的商品以90分的价钱卖出去。如果我们将1日元的商品以90分的价钱卖出去，就会出现山阳特殊钢公司那样的事情。有些公司为了掩人耳目选择做假账，做过一次之后尝到了甜头，于是更加肆无忌惮，最后不得善终。因此，我们一定要远离此类行为。

3. 销售结构的重大改革

提问者：我想由今天的话题延伸出来一个问题。正如您所指出的，生产过剩是造成当前经济衰退的原因。目前我个人感觉，所有的公司除了合作和提效之外，都在热衷于完善销售体系。无论结局如何，销售成本的虚高和销售影响因素的增加都占据了相当一部分的管理经费。而对于这种趋势我们却无可奈何，这令我十分苦恼。

在这方面，业界一直在谈论松下先生自去年年末到今年施行的销售结构大改革。据我所知，其中的一项措施就是将一部分销售人员分配到各事业部，并将他们派遣至特约经销商处协助销售。我明白这个话题涉及贵公司的经营机密，但如果您能稍微透露一点这种做法的目的何在的话，我将不胜感激。

松下：您的这个问题是关于我的经营之道吧。我想这个问题还是比较容易回答的。我们公司的代理店①中，有些能够赢利，有些赚不到钱。如果要深究其为什么赚不到钱，我想大概是因为他们在管理上过于依赖松下电器。那些凭借自身实力管理好业务的店铺都是在赚钱的。那些常年与松下电器有业务往来的店铺，往往认为即便这阵子遇到了一些困难，最终松下电器也会出面帮忙解决的。这样的店铺很难赚到钱。

销路好的时候，任谁都能经营。但是，一旦出现经济衰退，哪怕只是一点点，对于那些缺乏独立自主精神的人来说都极为难熬。那些在经营活动中依赖他人的做法是断不可取的。我认为，我们必须

---

① 专营松下电器产品的批发商。

采取适当的行动让大家意识到这一点并纠正这个问题。我自从3年前当上会长以来,每周只上一次班,已经不参与实际管理工作了。但奈何世事多变,因此时隔3年半,我再次参加了松下电器全国代理店会议①,同大家见了面。

在会上,我听了大家的许多陈述。正如我刚才所说,有些店铺在经营上出现了问题。其中有些从其父辈起就与松下电器开始合作了。

会上,一家代理店的老板向我诉苦说:"松下先生,我们一起做生意这么多年了,从我的父辈起我们就开始合作。我们也一直努力拼命工作,可最近就是赚不到钱。松下电器的业务却能蒸蒸日上,但为什么我们就是不行呢?"我对他说:"对此我感到非常抱歉。您接手这家店到现在有20多年了吧?在此期间,您有过哪怕只有一次尿血的经历吗?"

---

① 全国销售公司及代理店社长洽谈会。于1964年7月9日至11日在热海新富士酒店召开。会上,松下幸之助倾听来自销售一线的迫切呼声,并做出真诚回应,上台累计时长达十三个小时。通常称"热海会谈"。

第一章　化经济危机为改革契机

接着我又说:"我自己其实从没有过这种情况。记得在做学徒的时候,当时我还叫幸吉。那时师傅曾多次对我说,'幸吉,要想有一天做到独当一面,你起码要有一次尿血的经历。如此反复两三次后,你才能成为能够独挑大梁的商人'。意思就是,只有挂心自己的生意到食不下咽、夜不能寐的程度,才会尿血。而只有经历了这些,你才能算是一名独当一面的商人。这就是师傅教会我的道理。所以,您一直说店铺赚不到钱,那您是否为此担忧到了尿血的地步呢?"

在得到他否定的回答后,我又说:"如果是这样的话,就不要再抱怨了。如果你苦心经营买卖,已经忧思到了尿血的地步,仍然赚不到钱的话,那你尽管抱怨。但现在你其实并没有全心全意投入经营之中,不是吗?所以你说赚不到钱,我们也没办法。与其在这里抱怨买卖赚不到钱,不如去好好努力,努力到尿血为止。"

后来,奇迹发生了。他回去后召集所有员工说:"昨天在热海开会时,松下会长问我有没有尿血的经历。我回想了一下，自己确实没有因为什么事情担心到尿血。这样是不行的。所以从今天起，我们要改革经营方针。"因为他们是批发商，所以一般6点左右就下班了。下班之后，他还会带着几名骨干员工去拜访零售店。

在那之前，他从没有亲自拜访过零售店，但现在他每天都去店里，向零售商讲解商品的摆放方法，督促店铺及时打扫卫生。到最后，那些零售店店主都对他说："这是我的店，我会自己打理好的，不用你费心啦。"就这样，半年下来那家代理店的销量翻了一番。那些零售店也干劲儿满满，赚的钱逐渐多了起来。

最近我又收到了他的报告。他在报告中说："当时听了您的话，我烦死了自己的做法，深感自己付出的努力不足。幸运的是，通过这些新做法，店铺的收益翻了一番，资金回笼情况也逐渐好转，如今可以稍微安心了。"或许是他的做法打动了，或者说感染了零售商们吧。

在我看来，无论是店长还是社长，只要足够努力，就一定能从中激发自身的聪明才智，生意一定会越做越好。

4. 将外派员工视为客户方

我也曾对代理店说："我这边会为你们提供人手。如果你们需要的话请尽管放心使，如果用着不合适就送回来。您就当他们是自己的下属，放心用就好，无须顾虑他们是松下电器派来的人。从我给他们发出调令的那刻起，他们已经成了松下电器的客户方。我们是基于这样的前提才把他们外派到您那里的。"

从前我们向代理店派员工，代理店都会把他们当作客户来对待。这样一来反而给代理店添了麻烦。这也导致代理店业绩迟迟得不到提升。在得知这一情况后，我在那次会议上对松下电器的干部们强调："从今往后再有将下属外派出去的时候，你们要记住，从派遣的那一刻起，他已经是客户方面的人，而不再是你们的部下了。如果你们一起吃晚饭的话，坐在上座的应该是他们，你们要坐在下座。各位能做到吗？如果做不到这一点，那所有的派遣都是徒劳的。希望大家都能牢记这一点并坚决落实于行动。"

如果代理店把我们外派出去的人当作从松下电器来的客人的话，必然会影响工作。如果派过去的人不合适，就要马上送回来。要牢记，外派的人不是为了公司的利益而去的，而是为了让客户方变得更好才去的。所以在业务往来过程中遇到一些或大或小的矛盾时，外派员工必须坚定地站在代理店的立场解决问题，而非松下电器的立场。要做到这一点并不容易，因此这些话讲一遍不够，我们就反反复复讲。

就是这样，我们外派一部分员工下到代理店，帮助他们渡过难关。这项方针是最近才实行的，因此效果方面还有待考察，但我认为从某种程度上来说是会有效果的。

5. 经营者必须以身作则

提问者： 我们也在努力，争取渡过当前的经济

第一章 化经济危机为改革契机

难关。

事实上，在前不久的一次会议上，三菱石油公司的竹内俊一会长就曾说过，如果将美国和日本两国的经营者做比较，就会发现日本的经营者在学习上还没有下足力气。从前天以来，我听取了各种关于经营者应有态度的看法，其中许多是关于经营者应具备的思考方式的话题。但说到刻苦学习这一点，我认为我们在日常生活中有时会暴露出懒惰的一面。

松下先生不仅在企业经营方面蒸蒸日上，同时还出版了很多著作，也会进行各种公开演讲。所以我非常好奇您是如何分配时间的。您在日常生活中都会做些什么呢？我想如果您能稍微透露一些的话，对我们的日常生活一定会大有启发。不知您是否方便呢？

松下：说到我的工作态度，过去作为会长，我每周只去一次公司。但正如我刚才所说，从去年我听说公司开始赚不到钱后，就决定无论如何都要让公司再度赢利。于是我改为每周五天都去公司，帮助总公司和各分公司开展实际工作。

因此,在我看来,经营者必须在关键时刻身先士卒。我的的确确是这样认为的,并且目前也在将我的看法付诸实践。

放在平时,经营者们大可在后方发号施令。但如今时局动荡不安,已经到了千钧一发的时刻。当然也有公司经营者在乱世之中依然选择在后方指挥大局,这也未尝不可。但是一旦出现各种问题,经营者必须亲自上阵,思考解决对策。

如今我正在着手解决眼下最棘手的问题,并且打算一直干到局面稳定下来再转到后方做指挥工作。我认为身为经营者一定要做好这样的思想准备。

相反,如果在一切正常运转的时候,经营者放下后方指挥的工作跑到第一线去的话只会起到反作用。如今正是关键时刻,即便我们不能起到带头作用,也要具备这样的精神。如果做到了这一点,大家也会抱着这种态度努力攻克难关的。

这种想法的确很简单。如果我们这样做,可能会有人抱怨，有人说落实难，等等。事实上，这些顾虑都是软弱的表现。在我看来，该做的事情无论别人如何说三道四都要去做，就像该付的钱无论如何都要付给对方。

在以前的德川时代，每逢年末，许多欠债的人即便卖掉孩子也要把钱还上。如今卖孩子这种行为是违反人道主义的行为，绝对不可原谅。不过我相信无论是在德川时代还是在当下，孩子都是家里的宝贝。然而当时的人为了履行承诺，即便再不舍也不得不卖掉。

如今社会发展了，时代进步了，我们的责任感也应当比过去更强。在原始时代，人们可能没有这样的责任感，但随着世界的进步、社会的发展，人们内心的道德水准不断提升，责任感也日益旺盛。到了德川时代，就算卖掉孩子，人们也要还上欠款。如今社会进一步发展，如果我们有同样的决心，那么无论如何都能把钱还上。但现在有些人借了钱却不想还，只想着等哪天心情好了再还上。这可以说是极为严重的退步。

在我看来，身为负责人，在面临难关时，尽管我们不能卖掉孩子还债，但必须呕心沥血，投身其中。该挺身而出的时候必须义无反顾地站出来。

钱要还得堂堂正正，同时还要顾及合理的利润，这并不简单。虽说商品滞销，降价可以马上卖出去，但这样做无疑会带来更大的亏损。所以我们不能这样做，必须以合理的价格出售。但这样一来又卖不出去。所以这并不是一件容易的事情。

我们要咬紧牙关，坚持好好干。这样一来大家都会被你感染，就连我们的客户也会一起加油干。

我认为如今的时代是信长的时代，因为信长遇事敢于一马当先，冲锋陷阵。虽然胜败未可知，但他已尽人事，剩下的就是听天命了。当时许多人劝信长固守城池，但信长认为即便守住城也难逃败北的命运，不如拼死一搏。于是他单枪匹马地冲出城池。他的部下们不愿坐以待毙，看将军被杀，于是也随他冲出城去。最终此仗大获全胜。

在如今这样动荡不安的特殊时期，我认为经营者们都要具备这种精神，不要做德川家康。

6.对政府应提的要求

提问者：今天有幸听到松下先生就自身的经营之道发表演讲，其中丰富的内涵使我获益良多。您的讲话总是能够引起巨大反响。我听说，不仅是在日本，您在美国公开演讲后，许多经管学者和企业家的思维方式都受您影响发生了巨大转变。

特别是您提到企业家应坚持独立自主的经营理念，我听后受益匪浅。同时，您强调，大家在向政府提出诉求之前应当先端正自身。但在经济严重衰退的今天，仅凭经营者和民间力量是否可行？我认为这一点非常值得怀疑。

我们目前正处在一个非常困难的时期。当我们思考相应的解决对策时，政府的部分官员却在考虑加强对企业的管制。在我看来，如果真要考虑管制，那不如好好考虑一下如何管制生产和销售问题。

关于当今以自由竞争为基础的资本主义经济及相关经济组织的理想存在形态，我思考了许多。我认为，不同行业，其理想状态也不同。有些行业需要政府对其销售体系、流通体系加以管理。关于这一点，我们必须加以认真思考。

对于如今经济环境恶化的态势，有些业内人士本身做法就是存在过错的。但是对于一个行业来说，自由竞争是必不可少的。正如刚才松下会长所说，有的企业选择自力更生，而有的企业则依赖政府救助，也就是期望国家力量干预，制定相应的法律法规来约束自身。他们认为这样的经营方式更容易一些。在我看来，就目前的困境来看，很难实现刚才松下会长提到的独立自主的经营理念。

您与政府当局接触的机会较多，不知道您可否就这方面的问题与他们谈一谈，究竟哪些情况政府可以出面干预，哪些情况不能。

松下： 您所讲的我完全理解。我认为您说得非常在理。我们的确对政府提出了一系列诉求。但是，我们想要的并不是政府的救助，而是政府不做不该做的事情。

比如税收。日本是世界上税收最高的国家，但我们是否用这些钱打造出了世界第一的基础设施呢？答案是否定的。当前我们在以虚高的价格出售便宜的商品。这一点不可容忍，我们必须向政府提出诉求："我们可以缴纳高额的税款，但是政府必须将其用于完善基础设施等方面。如果政府没有做到这一点，而只是一味地收取高额税款，那就不可理喻了。"这一点必须向政府讲明。

因此，我们希望政府不要再做那些不该做的事情了。如果政府能够停止这些不合理的行为的话，那对我们来说就是最好的救助了。

我认为，像美国这样资本主义极度发达的国家，现行的反垄断法是非常必要的。然而，日本的资本主义还没发展到美国那种程度。现如今大家都没有钱，大家都穷。业界也是如此。

因此，美国的反垄断法在日本并不适用。一方面，我们必须打击哄抬物价的行为，维护企业的利益；另一方面，我们也要鼓励正常的交易活动。然而，现行的反垄断法非但没有促进正当的贸易活动，反而是怀疑每个人都在抬高价格。但事实恰恰相反，如今的问题早已不是价格虚高，而是大家都在为了在竞争中胜出而刻意压低价格。这种行为荒唐至极。我认为目前日本需要制定反垄断法来限制商品价格过低,要求商家必须在交易中获取合理利润。

作为经济界的一员,作为国民中的一分子,我们可以要求政府停止那些不合理的做法。政府本该为国为民,然而如今却在反其道而行之。这一点非常令人担忧。

如今大家都在等待政府帮扶,提议政府应该这样做那样做,希望国家出面管控。事实上,由国家掌控大局这样的局面都是我们一手造成的。因此,我们必须更加强硬地向政府指明哪些事情政府应当出面管控,哪些事情政府不该插手。

日本总评议会近期决定同政府定期会谈。会谈是半数对半数的形式。对于总评议会来说,这是政府对他们的极大肯定。一国政府能够与工会干部平等交谈,这一结果对于工会来说自然是可喜可贺的。我认为这也在一定程度上表明了政府的态度。

我们经营者目前还没有定期举行会谈的惯例。

如果工会定期跟政府官员开展会谈的话，那我们经济界人士也应该选出代表举办定期会谈。关于这一点，我们也应该向政府提出要求。

我们应该挺起胸膛，坚持自己的合理主张。如今的经营者肩负着国家的重任，掌握着劳动者的命脉。如果经营者干得不好，公司就会面临倒闭。说工会和经营者处于对立面，这并没有什么问题。但与此同时，二者之间也需要统一。如果二者不能实现统一，公司就会垮掉。我在这里要强调一点，那就是双方在和谐共生方面，工会需要承担一半责任，经营者也要承担好另一半责任。

7. 法律法规亟待修订

提问者：反垄断法和劳动法是美国为削弱日本的军事力量而制定的，如今已经不符合时代的要求，都需要大规模修改。我认为我们有必要对这些法令进行大刀阔斧的修改。

此外，刚才提到首相和劳动大臣召集工会干部举办会谈。我认为这显然是在效仿美国。虽然这只是我的一己之见，但我坚持认为法令整改非常必要。

松下：日本的宪法和其他众多法律法规都是在美国占领日本时期制定的。这些法律法规未经修订或废除，至今仍然有效。

有些法令在当时是合理的，但对于今天的日本国情来说已经不再适用。从当时的角度来看，很难相信美国当时在制定政策时真正考虑到了日本今后的百年大计。这也是自然的。作为战胜国，美国遭受了巨大损失，当然要削弱日本的力量。在这种情况下制定的法律法规至今仍然在生效，毋庸置疑，这些法律法规必须得到完善。

有些人倚仗这些法令做了不少事，但对于整个日本和日本全体国民来说，必须重新审视这些旨在削弱日本力量的法律法规。然而，现在并没有人这样做，这说明日本人本身缺乏身为日本人的觉悟。

如今根本没人提出修改意见。尽管提出来可能会引来许多麻烦，但为了全体日本国民，我必须提。

身居要位的政府官员对这些事情很少过问，经济界人士对此缄口不言，平民百姓对此又知之甚少。如此下去，日本必然会走下坡路。这正是美国希望看到的。当然，如今或许美国已经不再抱有这种期望，但日本的情况却正在朝着他们当时希望的方向发展。我认为，身为日本国民，我们有责任、有义务认识到这一点，让日本回归到正确的道路上。

正如刚才所提到的那样，修改这些法律法规已刻不容缓。

如今的工会已经发展起来了。因此，从工会自身的角度来说，不应该再去关注阶级斗争之类的问题，而应该思考如何提高工人地位，如何促进日本产业发展，如何让双方实现共同发展。我认为这才是今后工会的关注方向。

工会需要激励工会成员的成长，或者说是责任感。当时的工会并没有这样的能力，所以工会必须通过彰显自身实力来约束工会成员。当时的情况的确如此，但是如今的情况已经大不相同了。这种做法在今天必然会削弱日本经济界的力量，劳动者也会被迫陷入困境。因此，我们必须强化工会的权利和责任。过去工会也强调权利，那是因为当时工人的权利被轻视，所以必须强调权利。

如今的工会已经可以与政府进行平等会谈，能够独当一面了。工会已经非常充分地争取了自身的权益，现在应该多强调一些义务和责任，要求工会成员提升责任意识。如果能够这样做的话，工会的权利在无形之中又会得到进一步提升。

我希望看到工会的方针政策朝着这一方向转变。我认为，这种做法可以巩固工会的权威，也可以提升工人的幸福感。

在今天的日本，可以说人人都已具备工会意识，工会已经得到了所有人的承认。劳动三法发展到现在已经成效显著。我们应当像国外那样，促使劳资双方处于平等地位。过去我国的工会一直处于受保护的地位。如今它们已经发展壮大，不再需要保护。我认为是时候开始追求平等了。因此，从这一角度来看，应当对劳动三法进行修订。

然而，政府对此熟视无睹，也无人为此摇旗呐喊。不过我认为，总有一天，这些会自然而然地被人提出，也只有到那时，日本的工会和工会活动才会名副其实，独当一面。

8.道德道义的沦丧

提问者： 松下先生的发言令我们获益良多。您谈到，企业应该发挥自身力量保护自己，行业应该达成一致，避免过度竞争。尽管目前我们还有许多不足之处，但一定要在这方面积极思考，不断朝着这一方向努力。

此外，正如刚才谈到的，企业和行业都要各自努力。同时，在政府采取的各种全局性措施方面，我们目前担心的是过度竞争和不正当交易。正如松下先生刚才举的例子，诸如结算和收款问题，随着时代的发展情况也在逐步恶化，反而是过去的交易行为更规范、公正。这一点我自身也有所体会。

小时候在学校，老师经常教我们如何规范地书写欠条。其中的一些语句我至今仍然记得。当时的欠条中写道："逾期不还，受人耻笑。"当时，在众人面前被人嘲笑是一种奇耻大辱。过去这种欠条非常常见。

然而如今的世道已经大不相同了。放到现在，如果这种程度就能让赊账一笔勾销的话，那受人耻笑也是人们完全能接受的。这种做法并不能达到原本的目的，也就逐渐被人舍弃了。

在这方面，政府应该出台一些重大举措，例如防止出现信用膨胀。并不是说凭借信用交易的方式不可取，而是希望政府能够引导交易活动走上正轨，鼓励有保障的、切实可信的信用交易。为此，我们必须提升行业整体的道德观念，要求政府整顿市场环境，以便企业更好地开展各类经营活动。

从这层意义上说，至少从我们的角度来看，即便耗费再长时间，也必须要求政府在这方面采取相应措施。

松下：您刚才谈到的问题非常有趣。过去的确有一部分借条是这样写的。基本上武士们的借据都是采用这种形式的。但是商人却不会这样。对于商

第一章　化经济危机为改革契机

人来说，相较于被人耻笑，还是拿到钱更为实在。我也曾听闻武士性格坚韧，是绝不会为金钱所动摇的。我不知这是真是假，但是他们的确是知廉耻的人。所以即便他们没有白纸黑字地立下字据，也会把账还上。

像这样的道义或者说道德感如今正在变得越来越稀有。这个问题绝对不容忽视，是政府首先应该着手解决的。国民拥有良好的精神面貌，才能建设富强的国家。这一点，政府必须强调。

如今，提供救助、做好社会保障工作也是非常必要的。但应当由谁来提供社会保障和其他各种救助活动的资金呢？政府可是一分钱都没有。政府用来提供社会保障的钱，说白了就是老百姓缴纳的税款。所以可以说，政府手里原本一分钱都没有。我认为在这一点上无论哪个国家都一样。或许过去的国王制国家要另当别论，但如今的民主国家都是如此。

身无分文的政府不考虑如何赚钱，却一心想着怎么提供救助，这无疑是行不通的。因此，政府应该向国民讲清楚："我们必须做好社会保障工作，但是要做好就需要诸位努力工作。如果大家工作懈怠的话，效率永远都上不去。催收账款总得去三次是不行的，一次就应该收回来，要养成习惯。这样的话，开支降低了，也就赚到钱了。再用赚到的钱依法纳税，这样一来社会保障就不成问题了。社会保障跟上了，大家的干劲儿也就上来了。我们想做好社会保障工作，但是如果大家都不好好工作，赚不到钱的话，做好社会保障也就成了天方夜谭。"

因为政府不把这些话说明白，所以大多数人都觉得政府就是摇钱树。我认为政府应该亲自将真实情况告知国民，告诉大家政府的数万亿日元都是大家的血汗钱。如果大家不好好工作的话，政府就一分钱都拿不到，什么事也做不成。所以请大家务必努力工作，努力赚钱。政府会严厉打击那些妨碍大家赚钱的人。例如那些扰乱社会治安的人，妨碍大家正常工作的人。如果仅凭大家的力量还不足够的话，政府就会出面来解决。大家只要负责高效工作，努力赚钱就好。只要有了钱，什么问题政府都能替大家解决。道理如此显而易见，可大家就是不懂。

9. 健全的财政体系为何也会通货膨胀

这里我想稍微换个话题。前几天我在一本杂志上看到，美国现在已经发行了3180亿美元的国债。我们过去不知道美国发行多少国债，以为他们只是或多或少地在发行一些国债。然而截至今年三月，美国发行的国债居然达到了3180亿美元。这可是天文数字，换算成日元的话就是100万亿日元啊。

美国政府尽管如此债台高筑，仍旧每年向海外提供40亿美元的援助金。当然，这件事是好是坏我们在这里暂且不论。昨天还是前天的报纸报道说，亚洲救济基金已经成立。美国在这次会谈中承诺拿出10亿美元支援该基金，并要求日本加入。

尽管负债100万亿日元，美国还是在第二次世界大战后累计向国外提供了800亿美元的援助金，而且现在仍在继续提供。截至目前，日本从未发行过1分钱国债。

考虑到这一点，我们必须思考一个非常重要的问题。先不论是美国的做法好，还是日本的做法好，总之美国在持续繁荣发展。前年1月，美国总统肯尼迪宣布了大减税的声明，但还没等到实施他就去世了。他的继任者约翰逊接过了他的衣钵。美国自去年1月开始，大规模减税100亿美元。减税范围涵盖了企业所得税和个人所得税。其结果是国家经费大幅减少，但这项政策顺利持续至今。美国的国家经费缺口则都以国债来填补，也就是那3180亿美元的国债。

如今，美国又要减掉40亿美元的消费税，定于今年6月1日或7月1日起实施。我们收到驻美国分公司的来信，信中称目前的形势非常好。他们表示这是非常好的消息，削减消费税之后商品一定会销路大开。听到这些我非常高兴。

美国就是这样，一面逐步实施减税政策，一面不断发行国债。

日本并不减税，即使减税，也只减掉芝麻大小的税款。说是物价要上涨，所以不能减税。我认为，无论政府的财政体系多么健全，如果国民的财政跟不上，那也是不行的。这是极不正常的现象。政府完善着自己的财政体系，而老百姓却腰包空空。美国的做法与此恰好相反。政府财政频频出现赤字，但国民却愈发富裕。因此一旦到了政府需要钱的时候，国民马上就能拿出来。

我曾经问过他们，美国政府的债务越来越多，难道国家不会破产吗。对方回答我说："没问题的。如今美国的生产总值是6000亿美元。美国的国债只有这些的一半儿。这些借款都是属于国民的。国民一年能够生产6000亿美元的东西，所以这点国债只是小数目，不必担心。"

因此，美国国民越来越富有，大家都鼓足干劲儿工作。至于政府是否因债务而头疼，答案是一点也没有。尽管负债累累，但有国债作保障，而且国民大多是腰包鼓鼓的，无论什么时候都有拿出钱来的能力。因此政府完全不必担心，国民亦是如此。这就是美国的现状。美国已经发行了3000多亿美元的债券，却没有发生通货膨胀。

日本政府的财政体系健全且预算都是有盈余的，没有任何赤字。这份答卷看起来非常体面，但日本的通货膨胀却日益严重，国民的腰包日渐空虚，出现赤字的公司也越来越多。两相比较，很难说哪个更好。我认为我们必须静下心来认真研究这一问题。

如果国债使用得当，国民就能富裕起来。从富裕起来的国民手中借来的钱随时都能还上。也就是说，政府债券的债权人是国民，债务人也是国民，只不过形式上假政府之手罢了。本质上这些钱都是属于国民的。因此，如果政府发行了百亿债券，由外国人购买这些国债的话，那债权人就是外国人。但如果由国民来消化这些国债的话，那么债权人和债务人就是同一批人。

因此，各项活动都能蓬勃发展。我认为美国的这种做法十分有趣。但在这个过程中，为了避免发生通货膨胀，美国是下了功夫的。其结果也是成功的。我不知道日本是否为此做好了准备，也不清楚日本国民是否做好了心理准备。如果是大白天大家都跑去玩弹珠游戏这种状态的话，我想肯定会发生通货膨胀吧。

但是，如果国民的精神层面得到了很好的约束，那么发行国债也是可以的。或者马上宣布3000亿的大减税，这样也可以一举解决经济衰退问题。减免3000亿所得税一定能使日本经济回暖复苏。这样一来国民的腰包就会鼓起来，大家都会干劲儿满满了。

今天我在报纸上看到，钢铁公司的社长们已经同意将粗钢产量减少10%。减产就等同于财富的减少。拥有如此多的设备却要减少产量，这本身就是一种浪费。钢的用途多种多样。前阵子日本多地洪水泛滥，这种时候我们就需要水泥和钢材来防洪。如果不减产的话，我们可以将生产出来的钢材应用于此。

我们可以像美国那样发行国债。日本对物资的需求仍然是巨大的，完全没有必要减产。但如今在社会形势和经济形势逼着我们减产的情况下，不合理的经济政策正在逐渐抬头。

过去我并不知道美国发行了 3000 多亿美元，也就是 100 万亿日元的国债。当时我只觉得他们有很多钱，如今看来他们的确有，只不过是借来的罢了。这种做法究竟如何，学者们自有判断。但从我们的工作角度考虑，我深感这是一个非常有趣的现象。

10. 如何主持高层会谈

提问者： 您所发表的有关经营者态度的观点令我印象颇深。但我想在这里向您提出一个现实性问题。松下先生您提到，过去业界几乎没有高层会谈，但最近开始举办了，并且通过这样的高层会谈，我们对今后的发展方向和所处环境有了一定程度的认识。我们目前也在研究防止过度竞争的问题。听说你们在开会时提出要将风扇和冰箱的产量分别减少 40% 和 30%。如果您不介意的话，方便介绍一下您是如何主持这种高层会谈，为双方提供相互沟通的平台的吗？

松下： 正如我刚才提到的，我们以前从不召开高层会议。但如今行业规模已经极为庞大，迫于这样的形势，大家都认为有必要为了行业整体的利益而相互交流经验。因此我们决定着手举办高层会议。

但是我们在会议上不讨论具体的生产问题，因此现阶段我们很难就此达成协议。

无论是风扇还是冰箱，其预期销量都是由各公司自行判断的。有些公司认为今年销量能够达到300万台，就生产其中的20%；有的公司认为销量能够达到500万台，就生产其中的20%。这样一来，差距很大。300万台和500万台，二者之差可不是个小数目。因此我们在会上会从全局角度分析产品的总需求量。

如此一来，那些认为销量能够达到500万台的公司细听分析后就会明白很难卖出去那么多。然后他们会根据实际情况理性分析，从而将预期销量确定在300万台。然后再根据300万台的总销量结合自身情况着手生产。

像这样，我们在会上主要是达成一些合理的共识。所以会上并不会规定各家公司的具体产量，也没有惩罚机制。我们目前还没发展到那一步。

我认为第一阶段做到这种程度就可以了。首先要认识到自己在整个行业中的销售能力，然后再将自己公司的实际情况与之结合，进而制订生产计划。如果年销量预计为300万台，而你一家公司就要生产其中的50%，那肯定是不合适的。如此一来，他们就会衡量各自的公司在整个行业中的水平，而不会一口吃个胖子。这就是我们的做法。我们每月召开一次会议，目前看来，我认为效果相当显著。

11. 政府机构导致物价上涨

提问者：在生产销售高层会议上，近期大家重点谈论的议题之一便是如何获取合理利润，避免进行过度竞争。然而事实与此恰恰相反。从政府公布的消费者物价指数来看，虽然某些商品的价格可能有所下降，消费者物价指数整体上涨了四五个百分点。这又导致涨薪，形成了恶性循环。在这种情况下，我们应当在高层会议上提出"抵制低价销售，合理规范定价"的要求。

然而，实际问题是，降低消费者物价的问题以及流通阶段存在的矛盾和问题，都会通过工资和其他方式反映到顶层领导的问题中。因此，关于日本制造商、商社大型企业以及一般消费者物价之间的差距，我认为从大型企业的角度来看，其中的环节或许过于冗长。不知可否请您就这些流通体系的缺陷或相关问题谈谈您的看法？

松下：物价问题的确是一个非常重要的问题。我原本想就这个问题谈谈自己的看法，但由于时间原因没能讲到。

既然您提出了这个问题，我们可以在这里简单聊一聊。我认为物价原则上是要降下来的，然而事实却是物价在持续上涨。究竟为何会出现这种情况呢？

如果用卡车取代人力板车，运费会上涨吗？我认为不会。为什么呢？因为每当一种新设备、新机器、新运输工具出现时，运费都会下降。生产设备增加，物价就会下降。物价下降，工资上涨，这是非常令人欣喜的局面。我们不断努力，正是为了这个目标。也正是因此，学术界和政界才受人尊敬。

但在日本，生产设备和车辆都在不断增加，物价却在不停上涨。这是不符合常理的。举个浅显易懂的例子：用人力板车运输货物不仅耗时长而且成本也高，相比之下小型卡车则更为方便，省时省力，运费还便宜。这就与物价下降联系起来了。到这里大家都没有什么问题吧？

但是如果只有卡车却没有修路，那卡车就等于一堆废铁。即使你买了卡车，但是没有能让卡车畅通行驶的道路，那么卡车几乎就派不上什么用场。到头来，花高价买了卡车但是运费却降不下来，这就是日本如今的情况。

某些商品的价格一夜暴涨，某些商品却维持原价。这种极不平衡的社会形态或者说国家体制是导致日本物价虚高的重要原因。

在各行各业的发展过程中，并不存在导致物价上涨的原因，有的都是促使物价下降的原因。如

第一章　化经济危机为改革契机

果国民的生产和消费活动旺盛的话，政府就应该提供支持以及便利的相关设施。但政府却忽视了这一点。

国民也没有在意这一点，而是不停地生产制造，最终导致物价高涨。如果一直照这种状态持续下去的话，物价永远都下不来。

反观美国，产量越来越大而物价却没有上涨。这是因为无论美国生产和消费多少，支持这些生产和消费活动的设施均已完备。所以即便劳动力成本上涨，物价并没有随之上涨，因此人工费也没有出现不合理的上涨。

在我看来，目前的问题在于大家都是各自为政，零散活动。如果实行计划经济，大家就不会再各干各的，但是这样做又会严重损害人们的劳动积极性。由此看来这种做法并不可取。因此，还是要保证个人的自由度，在此前提下由政府监督，预判潜在问题并及时将其解决。

关于这一点我刚才也有所提及。不仅是美国，整个欧洲的交通体系也十分发达，公路网四通八达。换句话说就是，那里的动脉血管遍布各地，无论有多少血液都可以运送到相关部位。简单来讲，这就是阻止物价上涨的力量之一。

大山深处有一个村庄，如果有公路的话，从东京开车大约一小时就能抵达。但是苦于路不好，青菜只能烂在地里。东京本身不产青菜，因此菜价很高。如果我们修建一条公路，就能以较为低廉的成本将原本只能烂掉的青菜运到我们这里。如此一来，东京的市民和山里的村民双方皆大欢喜，经济分配也得以平衡。但在过去的20年间，政府修建了什么设施呢？什么也没有。只是最近因为要开奥运会，才完善了东京的交通体系。这对我们来说真是个大好消息。从前我从羽田机场到公司要花一个小时。那时候车在路上走走停停，费时还费油，搞得身心俱疲。现在仅仅需要20分钟。节约了汽油的同时也减轻了身体上的疲劳，物价也因此降了下来。

如今政府的行为只会刺激物价上涨。他们也只会在嘴上说说物价太高了，应该降一降这种话。于是物价起起伏伏，极不稳定。

因此，我们必须以平衡的视角看待问题。如果你是汽车厂商，那么你可以向政府提要求说："我们可以制造汽车，但是你们要修路。这样的话，我们就可以大量生产，近而降低生产成本，将汽车出口到海外。如果日本国内有大量需求，我们就可以降低成本，同时还能出口到国外市场。所以你们必须把路修好。因为修路这种事我们汽车公司是做不来的，只能由政府来做。哪怕为此需要发行国债也要这样做。如此一来，日本的汽车就可以走向世界，我们就能赚取外汇了。"如果政府认同这一观点并大规模修建道路的话，汽车的价格一定会大幅下降。同时，汽车价格下降还会带动一系列商品降价。

我对于物价问题的看法就是，原则上物价是应当下降的。极端点说，如果工资不涨，那么物价水平应该下降一半。如果工资上涨，物价可以保持不变。我们必须以此为原则思考问题。这听上去可能有点极端，但我就是这样想的。事实上，我们公司的产品价格十多年来一直在下降。

几乎所有大型企业都希望物价能够降到原来的一半。但事实上,这些年来物价却始终在上涨。这是因为有一股力量在阻碍物价下降,且这股力量甚至要比阻碍工资上涨的阻力还大得多。

首先是政治层面。表面上来看,日本的议会分为众议院和参议院,实则不然。事实上,我们国家有大大小小数以百计的议会。审议会又是由议会延伸出去的,类似于小型议会。如果议题在这里无法通过的话就无法往下走。这会耗费大量的时间和精力。如此高昂的政治成本必然导致物价居高不下。

因此,我认为物价上涨有一半责任要归咎于政府。如果政府能够简化流程、提高效率的话,就能有效避免物价上涨。在我看来,政府要对物价上涨负很大一部分责任。

关于救助问题,我刚才已经提到,我们应首先端正自身,做好准备再向政府提出合理诉求。但对于物价问题,我认为政府需要立即采取行动加以处理。因为仅凭我们自身的力量已经无法挽回局势了。我们已经在降价了，东丽公司已经把产品价格降了三分之一，却依然无法遏制物价上涨。这实在是太荒唐了，真是没处说理去。

如此想来，那些审议会真是该被取缔。

12. 茶、禅与经营哲学

提问者： 松下先生您刚才谈到了日本人精神教育的必要性。听说您非常热衷于茶道和禅道。在您看来，茶和禅对您经营企业有什么启发吗？

松下： 哎呀，这方面其实是没什么启发。我还没有达到能够通过禅道或者茶道领悟经营的地步。并不是说我对这二者完全没有兴趣，禅的确在精神上有令人受益之处，但目前我还没有参禅。至于茶的话，我平时也只是随便喝喝茶罢了，没有时间和心力去享受自己制茶、招待客人的乐趣。所以这种说法说白了也算是无稽之谈吧。

不过如果说我的身上有某种精神的话，我认为那一定是多年经商积淀的一种人生观，或者说世界观、事业观。无论这种观念是好是坏，都是我自己的思考。

主持人：好的。非常感谢您今天的发言。

松下：说来惭愧，今天占用了大家宝贵的时间也没有发表什么像样的观点。但是今天见证了大家热情投入的态度，也让我也从中获益良多。大家提出的许多问题引人深思。在这里我想对诸位表达最诚挚的谢意。谢谢大家。

日本生产性本部
第八届轻井泽高层研讨会
1965 年 7 月 13 日
于晴山酒店（长野）

第二章

经营者的社会责任

・顶尖大型制造商以低于成本的价格销售产品，导致资金短缺的中小型制造商纷纷破产倒闭。大型制造商应明确自身对于维持行业稳定所肩负的社会责任。

・企业在开辟新业务时，为抢占市场份额而刻意压价销售产品。这种行为会严重扰乱行业秩序。这种通过赔本销售来获取市场份额的做法无疑是恶劣的资本暴行。

・日本今后必须走独立自主的道路，不应再依赖外国援助。因此，经济界人士需要从国家治理和经济发展角度出发，发出更为有力的声音。

第二章　经营者的社会责任

非常感谢诸位莅临国立京都国际会馆，参加今天的会议。

作为这座会馆的董事长，我在此向各位表示诚挚的欢迎以及由衷的谢意。正如大家所知，本会馆是国立的，由财团法人负责管理。今后请各位多在这里举办国内和国际会议，此外，今天大家在参会过程中如果对场馆有任何意见或建议，请务必赐教。

今天非常感谢诸位抽出宝贵的时间，让我有机会分享一些我的想法。关于演讲的主题，我曾经构思过一个比较难的主题，名为"日本经济与经营者的社会责任"。但今天我并不想拘泥于这一主题，而是想随心所欲地分享一些看法。如果我所讲的内容能够带给大家一些启发，那将是我的荣幸。同时，我也很愿意接受大家的指教。今天，希望我们可以像朋友一样坦诚地交流。

最近日本经济包括经济界呈现出各种动向。诸位作为商工会议所的成员，在经济管理方面都承担着各自的职责。因此，关于这些问题，相信我无须多言。不过，作为站在台上讲话的人，如果我过于瞻前顾后，就无法坦率地表达自己的看法。因此，今天希望大家允许我畅所欲言。同时，如果在演讲过程中我有讲得不清楚的地方，还请诸位海涵。

在过度竞争中相继破产

首先我想就最近发生的几件事谈谈我的看法。我的一位朋友两三年前借了五千万日元做生意,但最终却惨遭失败。这导致他不得不卖掉用于抵押的土地和其他股票。我询问他失败的原因,才得知他是在价格战中败下阵来的。但事实上,与其说是他主动加入价格竞争,不如说是被卷入了其他企业发动的价格战。加之其资金缺口难以填补,最终等待他的就只有破产了。

当时他所处的塑料行业,竞争十分激烈。尽管在过去的两三年里,各行业都出现了激烈的低价竞争,但在塑料行业,这种情况尤为明显。这就导致许多企业相继倒闭,我这位朋友也没能逃过这一劫。

这都是由过度竞争引起的。即便是该行业中地位最高、规模最大的公司也遭受了相当大的损失。

有一家业内首屈一指的公司也选择以大大低于成本价的价格进行销售，此举给公司造成了巨大亏损。如此看来，大型企业尚且如此，中小企业就更是举步维艰了。

长此下去，资金短缺的中小企业最终无力支付账款而只得破产倒闭。不仅是塑料行业，许多行业都是类似的情况，特殊钢行业就是其中之一。

因为报纸有过报道，所以我在这里就不避讳公司的名字了，山阳特殊钢公司就是一个例子。这是一家相当大的公司，但他们却并不追求利润，而是以近乎于成本价的价格销售产品。这样一来，其他公司不得不与其打价格战。结果随着竞争加剧，亏损越来越大。后来，一家公司退出了，两家公司退出了，就连山阳特殊钢这样的知名公司也陷入了困境。调查发现，在这场竞争中，山阳特殊钢公司遭受的损失最大。可以说山阳特殊钢公司就是本次事件的"震源"。

维护行业稳定

如果顶尖大型制造商以正当方式经营，那么即使出现一定程度的过度竞争，行业还是能够在一定程度上保持稳定的。但是，如果顶尖制造商出现问题，那整个行业势必都会受到影响。这在许多行业中都有先例。大家所知的以山阳特殊钢公司为核心的特殊钢行业的境况就是例子。尽管塑料行业还没有到那种地步，但顶尖大型制造商都无法赢利，甚至出现亏损。由此，行业中的中小制造商遭遇重创，导致了我之前所说的困境。

因此，行业的和平稳定是众望所归。从社会稳定的角度出发，我们也是决不应该搞过度竞争的。特别是顶尖大型制造商更需要端正态度。

然而，大型制造商们是否认识到了自身对于维持行业稳定的责任呢？我认为他们可能在一定程度上认识到了，但至于他们是否真正全力以赴地为之努力了,我并不确定。我觉得这也是目前行业迟迟无法稳定下来的原因之一。

在过去的两年多里,我们遇到了各种各样的问题。直到今天,每个月也仍有大约五百家企业破产倒闭。从前年到去年为止,共有近一万家企业破产。今年,政府为了振兴经济采取了一系列措施,并且据称经济已经出现触底回升,所以我觉得经济形势会稍有好转。政府也发表声明称经济的确出现了回暖迹象。尽管如此,破产公司数量仍不见减少,反而似乎呈现出增加的态势。在我看来,如今的经济界依旧风雨飘摇。

考虑到这一点,我们应当在维持各自公司稳定的同时,肩负起维护其他公司稳定的责任。尽管人们普遍认为商业就是竞争,因此绝对不容失败;但是我认为,不能如此片面地看待问题。我们必须带着维护自身公司繁荣稳定的热忱,去维护其他公司的稳定以及整个行业的稳定。

亏本销售是一种暴行

整个行业要通力合作,不断朝着稳定的方向发展。但在这个过程中,不时也会出现一些不和谐的声音。从公司角度也好,从经营者立场也罢,总会有一些公司跟不上时代潮流,做出一些不恰当的行为。换句话说,即使大家都在谋求稳定发展,还是会有一些公司跟不上发展的步伐。这种事情也是无可奈何的。

然而,即便是非常有实力的公司,一旦陷入大型公司赔本抢市场的黑洞,也很容易走向破产倒闭的结局。我认为这可以算作一种暴力行为,是绝对不能容忍的暴行。但如今的业界对此是否在一定程度上拥有了清醒的认知呢?恐怕还没有。

近年来,大众媒体对公司经营的评论五花八门,仿佛是在评论相扑比赛。它们讨论着哪家公司输给了哪家公司,哪家公司现在又占了上风,等等。经营者看了这些评论后,自然而然地就会被竞争心态牵着鼻子走,一心想着自己绝不能输,必须不惜一切代价赢得胜利。

但是我们商人做生意不是为了争输赢。我们是为了共同繁荣,国家繁荣,而不是为了竞争。

媒体总是营造一种竞争的氛围,但在我看来,我们不应被媒体的观点所左右。即使存在此类报道,我们也不应受其影响,这一点极其重要。

即便如此,正如我刚才提到的,缺乏实力的公司和经营者终究难逃落伍的命运,这是不可避免的。而具有相当实力的公司也存在失败的可能。这是因为他们的竞争行为超过了必要的程度。那些顶尖大型制造商拥有相当雄厚的资本,即便赔上10亿、20亿,公司也不会破产。如果他们铁了心要搞价格战,那么中小企业肯定不是对手。

顶尖制造商的社会责任

顶尖制造商必须想清楚，如果是他们自己开发出一种划时代的制造工艺，能够使产品卖得比过去便宜，足够让他们有利可图，那么这是一种进步。但是如果不是这样，而是靠着资本在一段时期内通过压低价格来抢占市场的话，那么这种行为是绝对不能被允许的。如果是在五六十年前则另当别论，但是在今天的时代条件下，市场是绝对不能容许这种情况发生的。

在如今这样一个动荡时期，问题总是层出不穷。有些大型企业为了赚钱，明知是赔本买卖也要做。考虑到这种情况会波及整个行业，所以请大家务必要慎重行事。面对这种行为，我认为有必要进一步强调企业责任，否则今后整个行业将很难稳定。在我看来，业内的顶尖大型制造商及其经营者必须认识到他们所肩负的社会责任或者说行业责任。

无论是大型制造商还是中小制造商,大型商铺还是中小商铺,大家都是商工会议所的成员。站在商工会议所的角度,我认为有时给大家提个醒儿是非常重要的。

开拓新市场

最近一些大型企业都在尝试开辟新的业务。但是，目前行业在一定程度上处于一种稳定状态。如果有制造商想拓展业务的话，公司无论规模有多大，在新进入某一领域时都必须在一定程度上对价格加以研究。

在这种情况下，有些公司可能会为了抢占市场份额而刻意压低价格。但是，稳定的行业是存在统一市场价的，我们在销售新产品时，绝不能把价格降到统一市场价或标准市场价以下。因为那样做的话，对不住行业里的其他公司。我们必须保持统一的销售价格。在我看来，为了抢占市场而贱卖，新入局者这么做对不起那些曾经为行业和市场打下基础的元老企业。话虽如此，有些企业还是会低价抢市场。

你愿意选择哪种做法呢？当然是遵守统一市场

价的企业更令人钦佩，但是往往有些公司不采取这种做法。它们想当然地认为，自己是新公司，所以必须低价销售；自己在业内没有根基，所以必须通过低价销售在行业中谋求一席之地。

企业一旦这样做，行业秩序就会被打乱。新入局者规模越大，所造成的混乱越严重。这会给稳定的行业和社会带来深深的恐惧、不安和混乱。因此，企业在开辟新业务时一定要认真思考，是否有必要如此大动干戈。

如果某一行业的产品足以满足一般大众的需求，并且行业相对先进，那么就没有必要向这样的领域进军。进入这样的行业对企业来说究竟是好还是坏？这很值得深思。

比如，某行业目前已有 15 家企业，并且这 15 家企业足以满足市场需求。它们相互竞争、良性发展。在这种情况下，可以说行业并不需要新的制造商加入。不过，在这个自由经济时代，如果企业想进入这一行业，法律是不能禁止的，它完全可以作为第 16 家公司参与竞争。

在这种情况下,新入局者如果认为自己是行业新人,必须通过低价抢占市场的话,那么这种行为是不可容忍的。

不可原谅的资本暴行

如今很难说哪个行业能一直维持绝对的稳定，因为这是一个自由竞争的时代。不断奋斗、不断磨合，甚至出现某种程度的动荡，这些都是行业发展的常态，这也正是我们希望看到的。但是，对于我刚才提到的，因某一家公司的进入而行业大乱，大家被迫赤字经营的情况绝对要防患于未然。顶尖大型制造商尤其需要认真思考该问题，中小型制造商也必须具备这种商业良知。否则，资本的暴行将充斥整个市场。

如今资本的暴行是决不可原谅的。顶着20%的亏损也要低价销售的行为绝不可取。我认识的一家公司在生产新产品时，坚持以行业的标准价格为指导。他们清楚自己后来者的身份，为了不对行业造成威胁，他们会定下一个稳妥的标准价格，然后逐渐站稳脚跟。按照标准价格定价，并积极借鉴

第二章　经营者的社会责任

同行的经验，稳扎稳打，慢慢立足，只有这种做法才能称得上真正的自由竞争，才是进步的体现。

还有一种情况，就是如今业界的生产成本居高不下，自己虽然之前没有涉足过这一领域，但是通过孜孜不倦的研究，发现了一种成本极低的制造工艺，而且生产出来的产品物美价廉，于是便开始进军这一领域。这样一来既可以赚钱，还可以以更低的价格销售。这也是自由竞争，所以别人也说不了什么。这无疑是一种进步，是对社会大众的贡献，因此大家对此也都能接受。

这时你可以堂堂正正地说："我们的价格更便宜，但是依然可以赚到足够的钱。这是因为我们发明了新的制造工艺。我们并没有恶意抢占市场的意思，只是想降低成本。这对于社会来说也是一大进步，所以还请大家原谅。"这种情况在某种程度上是可以被理解和接受的。

希望我们在思考经营者的必备素养时能够将上述要素考虑在内。

为何物价会上涨

接下来我想谈谈物价上涨的问题。目前物价呈逐渐上涨的趋势。就连普通民众对此都感到担忧，政府当然深受其困扰。稳定物价是全体国民的愿望。尽管如此，现实却是物价从未停止过上涨。

我想诸位应该都在努力应对物价问题，但考虑到如今的政治、经济现状，以及日本的国情，物价是不会稳定下来的，反而会进一步上涨。除非彻底改革我们的政治、经济体制，否则无论是谁，做出怎样的努力，物价都不会停止上涨。

如今开展的一系列用于稳定物价的行动，实际上反过来可能会成为物价上涨的原因。考虑到这一点，我认为在日本，物价上涨的态势是不可能得到稳定的。尽管今后物价将持续上涨，但我不认为会发生恶性通货膨胀。日本经济界已经积累了一定经验，并且颇具理性，因此我认为不会发生恶性通货膨胀，但是物价仍将持续上涨，与之相伴的是长期的温和通货膨胀。

我认为只有通过彻底对政治、经济机制进行改革，才有可能改变这一现状。当今的状态持续一天，物价就会继续涨一天。我们必须承认，无论国民对此如何反对，这都是不可避免的。

面对持续上涨的物价，当务之急是要寻找一条解决问题的出路。例如，如果物价每年上涨3%，那我们就应该接受这种情况，因为这是无法避免的。作为对策，我们可以考虑将全体国民的收入提高5%。如果我们能够通过政治、经济以及普通民众效率的提升，实现生产力的提升，从而将国民人均收入提升5%的话，那等同于将物价降低了2%。

按照这种方法做，或许真的可以成功。通过其他方法是绝对无法降低物价的。

尽管审议会费尽心力地开展了各种讨论，甚至有人连续三四天通宵工作，但大米的采购价格仍在上涨。这意味着物价即将全面上涨。即便消费端米价在一段时间内保持不变，但采购价格的上涨将会对物价产生重大影响。这一点不言而喻。

总的来说，物价正在全方位上涨。考虑到这一情况，尽管商工会议所已经竭尽全力运用多种手段试图解决问题，但我认为重要的是首先要承认物价上涨的事实，同时在考虑到国家和行业发展以及国民的幸福生活的前提下，思考如何解决这一问题。这样做会更为高效。

收入增长超过物价上涨

举个极端的例子。十八年前,有些商品的价格只有今天的 1/5,而有些商品的价格是今天的 1/3。甚至更极端的,一些商品的价格仅仅是今天的 1/10。众所周知,尽管当时的物价只有今天的 1/10、1/5 或 1/3,但是那时人们的生活比今天更加拮据。十八年后的今天,有些商品的价格上涨了 10 倍,有的上涨了 5 倍,有的上涨了 3 倍,但人们的收入上涨得更多,生活也越来越安稳。我觉得这个事实教会了我们,什么是我们必须承认的,什么是我们必须做的。

如果只是日本国内的物价上涨,那么从自由贸易的角度来看,情况又如何呢?即使日本成功地把国民平均收入提高了 3% 或 5%,但如果日本国内的物价持续上涨,对外贸易也将受到影响。由于日本产品的成本增加了,即便国内生产取得了巨大成果，贸易方面也会出现问题。而一旦贸易出现问题，外汇就会减少，从而导致经济衰退和经济动荡，最终走向失败。

从这个角度来看，我们也需要稳定物价，或者说把物价固定下来。但是我相信，只要不发展为恶性通货膨胀，只是温和通货膨胀的话，我们完全可以实现生产力的提升，同时不对贸易产生影响。

即使每年物价上涨 3% 或 4%，也绝不能因为贸易成本上涨而彻底失去贸易机会。可以说这种程度的物价上涨可以通过生产力的提升来抵消掉。并且事实上，发达国家的物价也在逐步上涨，虽然没有日本这么明显，但的的确确是在上涨的。

物价上涨的解决对策

最近看到一本杂志上列出了发达国家过去八年的物价上涨率，其中日本是物价涨幅最高的国家。在过去的八年中，日本的物价上涨了42%或是43%。物价涨幅最小的国家是美国，只上涨了10%。英国、法国和德国介于其间。

日本作为一个取得了长足进步的国家，物价上涨最快，但其他国家的物价也在上涨。我记不太清日本之后是英国还是法国了，总之介于美国和日本之间的都是发达国家。

然而最新消息表明，美国的物价涨幅为2%~3%。在过去的八年里，物价只上涨了1%多一点，但今后或许会涨到2%左右。因此，我认为贸易不会因为这种程度的差异而搁浅。但是如果出现恶性通货膨胀的话，就会出现相当大的差距。这种情况下，我认为贸易确实会因日本的成本过高而受到巨大影响。但现阶段来看，无须对此过分担心。

面对物价上涨3%或4%，如果我们能够坦然接受的话，物价反而不会再涨。虽然这听起来可能有点绝对，但这就是我的看法。

我相信，为了维持物价稳定，大家都在加班加点地工作，付出了巨大的努力和代价。试图压制不可控因素的精神是值得钦佩的。然而在我看来，为抑制不可控因素而花费的精力和费用本身其实是一种巨大的浪费。我认为，如果我们能够坦然接受这一点，积极思考该如何增加我们的收入的话，最终或许可以成功。

难得政府在努力稳定物价，各组织也在尝试稳定物价，这种时候我却说物价降不下来，应该还会上涨。听起来我可能像个异类，或许会被人指责。但在事实面前，我只能这样说。在这种情况下，以一种更为诚实的眼光来看待问题或许能发现应对物价上涨的良策，从而真正将物价稳定住。

零售商的利润

讲个稍微跑远一点的话题。前不久我见了一位刚从中国台湾回来的朋友。关于从他那里听到内容的真实性，我没有亲自去核实，也许在听的过程中也有所误解，但我还是想把我听到后颇有感触的这件事分享给大家。当时我们在讨论中国台湾的普通零售商在杂货商品上能赚取多少利润。据说，如果他们能够赚到大约 12% 的利润就足以把买卖做起来。

但是由于竞争激烈，这 12% 的利润也不能保证，有时只能拿到 10%，因此生意也很难做。听了他的这番话，我不禁感慨，日本的这一行业需要获利多少呢？大概要拿到 20% 的利润才行吧。这就是日本零售商的现状。

在中国台湾，同样的行业只需要 12% 的利润就可以维持经营，但日本却必须达到 20% 才行。

美国则必须赚到30%左右的利润。如果低于这个水平，在美国生意就做不下去了。

如此看来，日本和美国以及同中国台湾之间两两差距约为10%。这并不是说利润最高的美国经营难度就最大。众所周知，美国是最繁荣的国家，日本可以说比中国台湾更繁荣。如此繁荣的日本需要20%的利润来维持经营，而中国台湾只需要12%。美国比日本繁荣。那我们又该如何解释，在繁荣的美国，零售商需要赚取30%的利润这一事实呢？

我们究竟应该走哪条路？是像中国台湾那样薄利多销，还是向美国靠拢？究竟哪种方式能够引导我们走向繁荣呢？这是一个留给我们思考的重要课题。

无论是欧洲还是美国，在发达国家，即便是零售商也能赚取丰厚的利润。这是国家整体繁荣的源泉。因此，即便是零售商，也必须允许其赚取足够的利润，以促进国家的繁荣。消费者必须认可这一点。由此看来，个人的工资或收入也必须与此相适应。

通往繁荣之路

社会各阶层收入稳定增长才是一个国家社会繁荣的根本。日本政府、日本工商界和日本国民是否认识到了这一点呢？我认为，仅仅依靠低价销售、薄利多销很难实现整个国家的繁荣和全体国民的富足。

讲到这里，我不禁想到，或许还有一条更好的繁荣之路，一条不同于我们常识的致富之路。我希望每个人都能把这件事当作一个课题来认真思考。

这件事令我不禁深思，日本今后究竟该走哪条路？是像中国台湾那样建立一个薄利多销的社会，还是像美国和欧洲那样，允许获取适当的利润，从而使整个国家和全体国民都富裕起来呢？希望大家也认真思考一下这个问题。

我现在也不能断言究竟哪条路更好，这个问题需要我们慎重地考虑。

最近，政府和各类组织都在要求大家以低佣金经营买卖。当然，我们的确可以用这种方式增加个人所得。如果经营得当，甚至能够以比中国台湾还低的佣金引领行业和全体国民走上幸福之路。但如今的发达国家都是反其道而行之才实现了繁荣。对于这一现实情况，日本必须加以认真思考，避免走上错误的道路。

用少量的钱来做一些事情。用少量的钱也没有办法增加收入和财政收入。但是，考虑到今天的发达国家都是反其道而行之，取得了巨大的繁荣，我们必须思考整个日本不应该犯错的方向。我觉得，作为日本实体，我们必须把握避免犯错的方向。

日本今日发展依赖于国外力量

下面我想谈一个有别于经营活动的问题。

在考虑日本未来的繁荣时，我认为过去二十年的事实有力地表明，产业的大幅扩张和发展对于国家自身的发展至关重要。因此，日本未来的发展和贸易增长也需要产业界进一步的努力。但是要进一步发展和巩固目前已经取得的成果，就必须将政治的稳定性和精简化列入重要影响因素。

第二次世界大战结束至今已经二十年。在最初的十个年头里，可以说日本是依靠外国的援助和扶持才实现了复兴。之后的十年里，日本虽然同样借助了国外援助，但也依靠了自身的努力，逐步发展壮大。因此，今天我们所取得的发展，毫无疑问是源于日本国民的优秀能力。但我认为今天的成功，也离不开为日本崛起提供知识和力量的国外援助。也就是说，我们必须认识到，日本的繁荣和复兴在相当程度上是依赖于外力的帮助和扶持的。

在我国的电机行业中,最为先进的是电子工业。电子工业这一行业中有许多顶尖制造商。这些制造商几乎都引进了国外的技术和专利。他们利用这些技术和专利生产产品,如今这些产品有相当一部分又被出口到了其他国家。

这些都源于日本人聪慧的头脑及一系列出色的经营活动。可以说这是非常了不起的成绩。但是,如果他们没能引进国外的技术和专利,结局会如何呢?我认为如果没有引进技术,就不可能实现今天的发展。不仅仅是电机行业,许多行业都是如此。

如此想来,日本今天的发展在很大程度上要归功于国外的援助。我们充分地借助了这些力量。如今我们不仅是单方面接受,还在主动引进并利用这些技术。因此,从这个意义上讲,我认为这种成就可以说是很了不起的。但是,如果他们拒绝我们的购买行为,或者他们不想让我们引进技术的话,我们就不会有今天的发展。

对政治的强烈要求

日本能取得今天的发展,一半要归功于外力援助。但是,我认为,有相当多的国家和民族,即使得到了外部的援助,也不知如何充分利用这些力量来实现自身的繁荣。在这一点上,我想日本人是很了不起的。然而,今后就未必会是这样了。我认为,今后自由竞争将变得更加激烈,我们将不得不进行所谓的力量与力量之间的合理博弈。

到那时,我们不需要再支付费用,但是也将无法购买技术和专利,唯有开创一种独立自主的经济模式。考虑到这一点,我认为我们作为经济界人士,必须认真思考日本政治以及政治的应有状态了。

不仅经济人士需要思考,全体国民也要一起思考。尽管过去的政治体系一直存在着诸多弱点和低效问题,但得益于外力的扶持,我们还是顺利地走到了今天。但是，今后我们要脱离这些外力，完全实现独立自主，到那时，我认为政治方面的负担将相当沉重。

除了成本之外，我们还必须考虑到经济界在收入方面所蒙受的损失。从这个意义上说，我们对政治的要求必须非常强烈。换句话说，我认为经济界或者全国商工会议所必须时常提出更多新颖的政治形式，或者说政治的运作方法。

如今日本的税收很高。其实，在特定情况下，高税率并不代表高税收，比如某国有着全世界最高的税率，但是能将十倍于原收入的金额返还给国民。假设该国国民收入为1万日元，缴纳80%也就是8000日元的税款，但税款又以10万日元的收入返还给了国民。10万日元在缴纳80%的税款后还余下2万日元。如果收入是100万日元，那么纳税后就会余下20万日元。如果是像这样的情况，税率尽管很高，却不会对国民产生不好的影响。换句话说，就是国民更容易赚到钱了。这样的情况不算高税收。

但是,如果税率很高,政府还从很多方面抑制了人们的活动,那么这不仅是高税收,而且效率还很低。

经济界人士真正大显身手的时代

说到由谁来让经济界人士大显身手,答案应该是政治家。但即使是政治家,他们也不是万能的。最了解经济界的还是经济界人士自己。因此,我认为经济界人士应该站在经济角度就国家治理提出更为有力的建议。

我知道,各商工会议所召开了各种会议,并且编写了一系列相关文件向政府谏言。但是,这些工作并没有从根本上解决问题,而仅仅局限于对政府当局的项目计划加以评论罢了。

我认为目前我们正处于一个必须对政治和经济进行合理化改进的时间点上。从这个意义上看,我认为现在正是经济界人士真正应该大展拳脚的时代。用老话来说就是,经济界人士是时候为国家做出贡献了。

或许有人认为在大家面前讲这些是多此一举,

毕竟大家都非常英明睿智且身负重任，所以我相信你们早已考虑到了这一点。我只是希望诸位今后能够再多思考一下这个问题。

今天没有给到大家非常实用的见解，净讲了一些没头没尾的话，占用了大家宝贵的时间，还望大家海涵。今天非常感谢大家。

近畿商工会议所联合会例会

1966 年 7 月 11 日

于国立京都国际会馆

第三章 秉持既对立又统一的精神

- 世间万物皆处于对立统一之中。劳资双方要努力在对立之中寻求统一，找到更好的出路。

- 透支出口会使国家陷入困境。只有出口贸易比国内交易更有利可图时，出口才真正有意义。

- 世界上的变化与进步从不停歇。因此，工会的运转和公司的经营也必须与时俱进。

- 当今社会存在一种狭隘的看法，认为自身眼界之外的一切都是不好的。但是，在持全方位视野的基础上，认真思考其中的万事万物，才是生存之道。这种认识至关重要。

第三章　秉持既对立又统一的精神

能够受邀参加本次研讨会，与大家分享一些我的看法，我感到非常荣幸。

诸位都是各大工会的领导，长期活跃于第一线，所以对于近期社会的动向、日本的形势以及经济界的变化趋势应该在一定程度上有所了解。

作为公司的经营者，这些问题当然非常重要，但事实上我个人对这方面研究颇浅。可能诸位会觉得我说这种话令人有些难以置信，但实际上我的闲暇时间少之又少，要见面会谈，又要处理杂务，几乎没有时间来进行深度学习。只是偶尔通过NHK广播或新闻节目获取一些信息，所以实际上我的见识非常浅薄。因此，我对于当前社会形势的理解并不透彻。

社会形势瞬息万变

作为公司经营者,经营方面的基本心理准备是必不可少的。这种心理准备也可以被称为经营理念,或者经营基本方针。对于经营企业而言,经营理念是绝对不可缺少的。

但仅有经营理念还不够。重要的是要时刻把握不断变化的社会形势,制订适时的计划。事实上,在这方面,那些年轻的员工往往比我更擅长。

我们正在不断退步,日益落后。如果我们凡事都冲在前面,下面的员工将难以大展拳脚,对于公司的发展也没有好处。因此,我们应当尽量避免这样的情况,不该插手的不要多管。虽然这么说,作为公司的最高负责人,该提的意见还是要提,只不过说个大概就可以了,剩下的就交给手底下的人去完善。

因此,关于当前形势,我很难给出明确的

回答。

但是,既然我站在这里发言,就必须表达出坚定的信念,否则大家会觉得我不可靠,进而影响到我好不容易树立起来的名声。所以,尽管有推测和猜想的成分在里面,我还是想坦率地讲讲我的看法。如果过程中讲到一些您不认可的内容,还请多包容。

以统一为前提的对立

如今我们的国家，或者说我们的经济界，存在着劳资之间的对立。在这个问题上我们面临着各种各样的挑战。我相信诸位也在研究劳资对立问题。大家都在各自的立场上思考如何处理劳资之间的对立。我的基本观点是，不仅是劳资关系，一切事物都存在着对立。比如，关于太阳和月亮是否存在对立这个问题，从科学角度可能有各种说法，但从我们的通常认知来看，它们之间既对立又统一。不仅是太阳和月亮，一切事物都是如此。

因此，劳资之间的对立实际上是一件好事。如果劳资之间没有对立，就不会有进步。进步是在对立中产生的。虽然这么说，但是如果只停留在对立阶段，那么对立情况会逐渐恶化。这样一来，对立可能会引发冲突，甚至造成不可挽回的局面。所以原则上来说，对立是必要的，但是对立需要和统一相结合，这是非常重要的原则。世界就是对立统一的，万事万物都在对立统一中运行着。劳资之间的对立以统一为前提出现，劳资之间的统一也是在对立的前提下实现的。我认为事实就是如此。

因此，我们可以认为缺乏统一的对立是毫无意义的。同样地，只有统一而无对立也是毫无意义的。

劳资之间的理想状态是时刻保持对立，必须从对立的角度来看待问题。然而，我们也不能忘记统一，离开统一的世界是不存在的。我们要以这样的思维方式来看待问题。

在公司经营方面，虽然我们会与很多客户打交道，但公司与客户之间始终是存在对立的。我们在对立之中不断寻求统一，这样我们才能在平等的基础上进行交易。

对待客户，我们不应认为他们买了我们的产品我们就能赚取利润，所以一切听从客户的意见就好。因为这样的想法会逐渐让人卑躬屈膝。不能为了让客户购买我们的产品，为了赚取利润，就一味顺从他们的想法而放弃自己的立场。我认为，无论是在劳资问题上,还是在处理公司与客户之间的关系上,都应该遵循既对立又统一的原则。

松下电器在理念上注重售后服务、重视客户意见,我们努力践行这一理念并取得了成功。但是,在根本上,松下电器与客户之间是对立的。在对立的基础上,我们谋求统一。但这一基本理念是与客户之间保持一定的对立感,并努力在对立之中实现双方的和谐。如此双方才是平等互惠的。这种思维方式非常有效。

进口原料，出口成品

我们公司在将产品出口到海外时也会基于这个角度考虑。目前，出口无论对于日本经济界还是整个国家而言都是一个重要问题。作为一个资源匮乏的国家，日本必须大力发展出口。如果不发展出口，日本的经济活动就无法实现发展。

随着消费的增加，我们也必须进口各种原材料。如果不能进行这种进口，那么国民的生活将陷入困境。因此，我们必须增加出口并进口原材料。由此我认为，日本的首要任务就是增加出口。

像铁矿、棉花、大米这类产品的原材料，日本几乎都没有。日本的石油资源也匮乏，目前90%的重油都依赖进口。

现在，日本的钢铁产量已经相当大了。去年的产量好像超过了5000万吨。5000万吨这个数字是什么概念呢？第二次世界大战中，钢铁是非常重要的物资，如果没有钢铁，就没有办法打仗。但在当时，即便日本举全国之力生产钢铁，最高产量也不过 600 万吨。

现在战争早已结束，所以几乎不再需要钢铁来制造武器。尽管如此，我们的钢铁产量却达到了战时的大约 8 倍，即 5000 万吨。这意味着日本各行各业的消费在增长，所以开始需要大量钢铁。其中，1000 万吨用于出口，4000 万吨用于国内消费。但生产这 5000 万吨钢铁所需的铁矿石，全部依赖进口。

至于煤炭方面，我还不太清楚。但我知道用于炼钢的焦炭全部都是进口的。因此，可以说用于制造钢铁的原材料几乎都需要依靠进口。

有利可图才出口

鉴于此，我认为经济界必须付出相当大的努力来促进出口，这样才能赚取足够的外汇，再用这些外汇进口必要的原材料。

上年我们公司的出口额达到了500亿日元。在出口方面，松下电器遵循了前面提到的对立统一精神。尽管出口对于日本的生存发展至关重要，但我们决不能以低三下四的方式销售产品。我们必须站在完全平等的立场上进行交易。当然，同时也必须赚取合理的利润。

这样做，是否能够成功是一个问题。但幸运的是我们确实成功了。去年的出口额比前年增长了近一半。今年我们的目标是实现出口额600亿日元。

大家可能经常听到一个叫"透支出口"的术语。毕竟出口对于日本来说至关重要，因此有时即使需要付出一些代价，也必须出口以赚取外汇。

在一部分日本经济界人士看来，为了赚取外汇，虽然不能赤字经营，但可以少拿些利润。毕竟是为了国家，只要能够勉强维持不亏损就可以了。

我并不支持这种看法。在我看来，出口必须是有利可图的。如果出口赚不到利润，最终反而会使国家陷入困境。只有比国内更有利可图，出口才有意义。

这种"强硬"的立场可能会遭到一些负面解读。这里用"强硬"一词可能有些欠妥，但是我们应始终坚持正确的立场，基于对立的理念进行出口活动。这需要有说服力，必须让对方认可我们在出口活动中必须获得相当的利润。为了让对方认可，我们必须让他们充分理解我们的立场，这是我们努力的方向。我相信，通过努力，对方是会逐渐理解我们的。我认为，我们的出口会以这种方式逐步取得成功。

有人担心，这种做法会导致日本的整体出口出现下滑，但我认为未必会下滑。相反，如果我们坚持这种正确意义上的强大理念,就会逐渐有共鸣者出现,进而会促使出口更加顺利。这是被我们以往的实践证明过的。因此,松下电器一直以来都是站在这样的立场上开展外贸业务的。

苛刻的客户我们求之不得

其实由对立统一话题突然转到出口相关的话题上，并不是我原本的打算。总而言之，公司和工会之间必须经常处于对立状态，但同时又不能舍弃统一。这二者都很重要。

公司随着自身经营实力逐渐增强，会对工会态度更为强硬。这样一来，工会就会被弱化。实际上，这种状态并不理想，因为这会破坏对立统一之间的平衡。如果公司力量增强了十，那么工会一方也必须增强十，否则就无法形成对立。只有通过这样的方式来实现和谐，才能促进繁荣。这是我的看法。

举一个有趣的例子。假设有一家服装店，顾客去那里定做衣服，店主就会按照每个人的具体要求为其量身裁制。有时衣服稍微不合身，客人并不苛刻要求，只是告诉店主还不错。如果来这家服装店的都是这样的顾客，长此以往它必然会落后于时代。

相反，有些顾客会挑剔抱怨。尽管我们竭尽所能为他们提供优质服务，他们仍会挑三拣四。这种时候我们不应该生气，生气只会让情况变得更糟。我们应该选择妥协并重新再做一次。到了第三次或许就能满足他们的要求。如果店里来的都是这样挑剔、苛刻的顾客，那么这家店一定能够通过不断磨炼自身技艺，取得更好的发展。

因此我认为，公司需要这种苛刻的客户，也需要严格的工会。同样工会也需要严厉的公司。唯有这样才能实现繁荣发展。

但是，如果一味苛刻而忘记了统一，事情就会做不成。就像如果服装店老板对顾客说："你这么挑三拣四，我宁愿你不要买我的衣服。"这样生意就谈不成。所以我们必须保持耐心、坚持不懈地努力寻找达成统一的方法，而不是急于对抗。这才是正确的做法。

这不仅仅是公司与工会之间的问题。公司与客户，甚至可以说公司与社会之间都处在对立之中，这是常态。以这种视角来看，我们必须找到属于自己的生存道路和应对方法。这是作为经营者的重要课题。对于工会来说，这是工会领导者的一项重任。由于今天时间有限，关于对立统一的一些想法我就简单分享到这里。

降低成本，抑制物价

如今物价问题已经十分严峻，处理不好的话，甚至会影响本届内阁的执政时间。政府也在积极应对物价问题。此外，日本的消费者最近也开始认真思考物价问题，发表自己的看法了。然而，物价仍然在逐步上涨，这一问题令人非常担忧。

这个问题是令整个工会和公司都头疼的问题。我们公司作为供应商每年生产价值3000亿日元的产品，但实际上我们也是一个大型消费者。尽管我们每年生产销售3000亿日元的产品，但与此同时我们也需要消费掉接近这个数额的商品。因此，可以说我们是一个非常庞大的消费者。我想大家也是一样的情况。生产和消费看似对立，其实也有统一的一面，找到二者的调和点非常重要。

面对物价上涨的问题，大家都在努力思考并积极采取措施。政府表示政府机关不会涨工资，而普通民众也意识到物价上涨将对自己的生活造成冲击，因此他们在极力忍耐和坚持着，不要求加薪。

然而问题在于这种坚持能否持续下去。物价上涨的因素一个接一个地产生，如果这些因素不断涌现，那么即便我们付出再大的努力，物价也终将完全失控。并且，物价和成本之间存在着密切的关系。

成本增长必然导致物价上涨。如果不降低成本，只想着一味地抑制物价，那么所有努力都是徒劳。为了抑制物价，必须考虑通过改进制造工艺等方式降低成本。例如，以前一台机器一天能生产十件产品，现在就必须换成可以一天生产二十件产品的机器，通过改良设备来降低成本。然而，仅仅依靠改良设备来降低成本是不够的，我们还必须提高生产效率，促进各方面生产效率的综合提高。毕竟生产效率在经营活动中也是相当重要的影响因素。

我认为，经营的完善意味着劳动生产率的不断提升。我们必须在辛勤劳动的基础上积极思考如何进一步提高劳动生产率。如果忽略了这一点，是很难降低成本的。

基于如今的常识,我们知道通过现代化设备降低成本也是一种方法。此外,还要实现组织合理化,双管齐下来提升效率,进而降低成本。我认为如果抛开这些方法,要想降低成本是不可能的。

短期内物价不会下降

当整体社会环境指向成本上涨时,物价一定会上涨,那是抑制不住的。强行抑制物价只会招致恶果,我认为我们正在走向这样的未来。

因此,我认为在现阶段,如果不向有关部门施加压力,让他们难受一下的话,物价永远不会降下来。如果想不影响到任何部门,不痛不痒就能把物价降下来的话,那几乎是天方夜谭。

现在在日本,无论是国民活动、政治活动,还是公司的经营活动,似乎都存在着相当程度的不合理之处。因此,尽管我们都希望物价下降,也在行动上尝试降低物价,但物价不但不降,反而会继续上涨。因此我认为,物价短期内不会下降,如果强制降低物价将会导致不可预测的后果。这是我分析当前形势后得出的物价观点。政府现在也认为,眼下的物价上涨也是迫不得已。他们在努力呼吁国民高效工作，提高生产力，协助政府降低物价。同时，政府也应该进行根本性改革，减少开支。但我认为政府并没有对国民特别强调这一点。

我们不应该再提高公共事业的费用，因为政府有权批准这样的决定。这一点是可行的，但是这种做法会损害公共事业团体的利益。如此下去，总有一天矛盾会爆发，公共事业将陷入停滞。

因此，我们应该坦率地承认物价上涨这一事实，并对大家解释清楚，这种上涨是不可避免的。为了尽可能抑制涨价幅度，国民应该努力工作，提高生产力，政府也必须提供合理的援助。我认为这一切都应由政府向国民解释清楚。

如果不向国民解释清楚这些，就会把国民引向片面化的方向，如此一来将很难解决物价上涨问题。

学习是为了什么

我认为从本质上来说，物价是应该下降的。原则上物价应逐步下降，因为科学是在进步的。科学的进步意味着物价不可能上涨。

在我小的时候，人们都用人力板车运输货物，但如今几乎没有人再使用这种车了。从人力板车发展到马车，再由马车发展到卡车。使用卡车可以将运输时间减半，同样也可以将运费减半，从而降低成本。这与物价的下降息息相关。一切事物都是如此。

如今学生在学校学习不应仅为了学术研究。学习和研究是为了让国民生活更加富足，让大家过上更加丰富多彩的生活。随着学术研究的进步，物价会变得更加低廉。我认为这是一种看待问题的方式，也是一种原则。我对此深信不疑。

另外，原则上收入也是在上涨的。如此一来，物价与工资之间的剪刀差会逐渐拉大。这种情况正是我们所期待的。

然而,目前日本并没有出现这种情况。物价持续上涨,这种情况确实很难理解。我们为何而学习?我们为何要努力提升文化水平?如果学术进步、文化提升与物价无关,与我们的生活无关,那么这些努力就会变得毫无意义。

最近我从电视上得知,日本的教育普及程度排名世界第二。我一面对此深表感慨,一面又不得不面对日本排名世界第十二位的国民收入。

美国的教育水平和国民收入都是世界一流的。教育水平高,国民收入相应也高,这是一种平衡的状态。至于德国,我虽然没有详细地调查过,但大致上德国的教育水平好像排在世界第五或第六位,国民收入也处于同等水平。

与日本相比,德国的教育普及率较低。德国只有27所大学,而日本却足足有750所。这种差异令人讶异,而日本目前仍然在计划进一步增设大学。德国的教育普及率排名世界第五或第六,德国的国民收入也位居世界第五或第六,这也是一个平衡的体现。

只能说,唯一不平衡的国家是日本。这是因为我们将对立统一的原则抛诸脑后了。在教育中,我们也必须秉持对立统一的精神。

不平衡的国家——日本

导致这种情况的原因很多,但我认为主要是因为国民认知不足。

教育相关人士认为,只要把水引到自己的田里就够了,也就是说只要教育得到普及就够了。然而,经商的人一心只想着做好自己的买卖,大家对于整体的协调发展并没有投入太多精力。这种认知的欠缺导致了我之前提到的不平衡的现状。这不仅仅表现在教育和国民收入之间的不平衡,也体现在国家的各个领域之中。

举一个极端的例子。前些日子我搭飞机去东京,结果广播通知说:"当前空中交通拥挤,请稍微等待十分钟。"也就是说,因为没有着陆指令,我们被迫一直在空中盘旋。虽然原本计划在 45 分钟内就能抵达东京,但最终还是在空中盘旋空等了一段时间。

羽田机场已经陷入了这种状况，而第二座机场尚未建成。虽然五六年前就决定要建设这座机场，但由于居民反对而一直搁浅。目前正在重新选址，但由于各种问题，尚不清楚何时能够完成。即便要建，也要等上三四年才能完工。

从今天待机盘旋等待着陆这件事来看，三四年我们已经等不起了。像东京这样的大城市，特别是在如今逐渐走向国际的时间点，只有一个羽田机场，实在说不过去。

在如今这样一个资本自由化的时代，日本必须在世界舞台上做出成绩。前往海外工作的日本人和从海外来日本工作的外国人都在增加。考虑到这些情况，我认为达到了饱和状态的唯一一座机场已经不足以满足需求，但又无法及时建设新机场，这样的情况会令日本陷入僵局。

我猜想有人可能会说，"即使去了日本可能也无法降落""飞机可以飞到日本上空，但却没有地方降落"。至于日本政府是否真正认真对待了这个问题，那就难说了。

这次政府解散了议会,但是无论是议会解散前还是解散后,这些问题几乎没有被认真讨论过。这让人不禁产生了疑惑:政府究竟在做些什么呢?

我们每个人都在纳税,我个人也向国家交了很多税。顺便说一下,我被收取了80%的税。一开始并没有收取太多,只收了20%。当时我还感到很神奇,觉得只收这么点税真不错。

然而,我把钱装进口袋后过了大约半年,就又有人来找我收钱。而且这次他们拿走了80%,几乎相当于全部都拿走了。这就是现在日本所得税的一种现状。既然我们已经交了这么多税,他们为什么不能拿这些钱新建两三个机场呢?事实是他们并没有这么做。我认为这也是一种不平衡的体现。

因此,我觉得称日本为"不平衡的国家"可能更为合适,因为在日本,各个方面都存在着不平衡的情况。

如此看来,我认为想要解决这种不平衡,真正让日本成为一个繁荣的国家,就必须提高国民的认识,促使国民多思考怎样才能实现国家繁荣。

为工会成立大会致辞

如今生产和消费都是人类的重要任务。可以说,生产和消费是人生最为重要的组成部分。

生产和消费的核心是什么?我认为是企业家和劳动者。因此,公司和工会的发展方向需要更加现代化。二十年前工会成立时,曾经非常强大,那时候这样做是没有问题的。

回想起来,松下电器也是在第二次世界大战后不久成立了工会。当时我们在中之岛工会堂举行了成立大会,加藤勘十等人前来助阵,会场可以说是座无虚席。当时公司的员工多达一万多人,我去致了贺词。

在那之前,每次我去工厂,大家都会立刻紧张起来,向我致礼。这种情况持续了很长一段时间。虽然我没有要求他们这样做,但是日本当时的氛围就是这样。后来,公司的工会成立了。当时我去致辞，本以为准工会委员长，也就是我们公司的员工会说"社长您来了，请这边坐。下面请您致辞"，但是他并没有。

他是怎么做的呢？他并没有直接邀请我讲话，而是向大家询问："现在松下幸之助先生来了，他想为我们致辞。大家觉得怎么样？都同意吗？"幸运的是，大多数人都同意。我这才得以上台发言。当时我觉得真是怪事儿啊。

当晚，加藤勘十等人都来了，我也去与他们见了面。见面后他们对我说："我一直在积极组织工会，但是没有一位社长来参加大会。或许社长们觉得，如果来了的话他们可能会受到戏弄吧，所以他们都没有参加。但是你却来了，你是受到触动了吧？"

我说："我并不是因为受到触动或者别的什么，而是觉得我们公司的员工正在积极成立工会，努力开创新时代，作为社长的我如果对此装作一无所知，实在是说不过去。"但是当时他们讨论是否让我上台发言时，我的确有些不知所措。但好在整个过程简洁迅速。但是我现在的想法不同了。如今的时代不同于以往的斗争时代,人们的心态相对稳定了,日本的经济也发展了。日本在世界舞台上大显身手的时代就要到来了。

工会的新使命

今天劳资关系不应该再像以前那样。我认为，如今的我们必须在对立之中努力寻求统一。我们无须缓和对立，甚至更加激烈的对立也无妨。但是，我们必须在一定程度上从中培养出与之相应的统一性。

对立的力量如果是二对二，那么统一的力量也必须是二对二。对立的力量如果是十对十，那么统一的力量也必须是十对十。我们必须朝着这个方向进行改善。即使对立的力量相对较弱，比如一对一，也需要统一。如果没有统一，就会陷入困境。因此，公司在这方面也必须认真加以考虑。同时，工会也必须思考如何寻求统一，让全体劳动者受益。我觉得工会的使命就是在寻找这些答案的道路上不断创新。

我认为大家都在认真思考如何捍卫工会成员的

利益和福利。这种精神是非常可贵且必不可少的。

为此,我们需要考虑如何有效地与对方沟通,达成一致。并且我们必须认识到,在当下这样一个新时代,必须从崭新的视角出发,不断努力寻找问题的最优解。

如果公司和工会能够在这件事情上取得成功,那么对于劳动者和公司双方都是有利的,同时也能够促进国家和民族的繁荣。如果工会和公司活动萎靡不振,势必导致倒退,引发物价不断上涨。我认为,如今工会的领导者们正站在一个大时代的前沿,在这一关键时间点上他们必须清醒地认识到自己肩负的责任。

第三章　秉持既对立又统一的精神

万事万物都在不断发展

还有一件令我感受颇深的事情是，我发觉我们已经不能再以昨天的思维考虑今天的事情了。如今的世界瞬息万变，更准确地说是在进步。德川时代流行一句话叫作"十年如一日"。在今天这个严峻的转折期，恐怕不能再说"十年如一日"了。

由此我想起了中国哲学家说过一句话叫作"吾日三省吾身"。意思是说，大约在两千年前，君子要每天自省三次，每天进步三次。

此外，明治初期人们常说一个词，叫"朝令暮改"，意思是说早晨刚制定的法令到晚上就改了，搞得国民人心惶惶，无法安心工作。虽然人们普遍认为这样做是乱来，但是细想一下，明治初年的社会却取得了巨大的进步。"朝令暮改"这个说法，也可以理解为吾日三省吾身，这不就是在早上、中午和晚上都积极改变的意思吗？如此看来这也符合两千年前的那句话。我认为现在应该说"吾日百省吾身"了吧。

在如今这个快速发展的时代,工会是否也做到与时俱进了呢?这是一个问题。此外,一些革新政党打着革新的名头,在实际行动上却没做出真正的革新行为。他们还在像从前那样数十年如一日,如此下去只能被时代淘汰。

大家普遍认为人类的寿命是七十年。在这七十年中,一切都在不断变化。如果用显微镜观察,就连我脸上的皱纹都与昨天的不同。这意味着我在变老,但这同时也是进化、进步的体现。皱纹从一条变为两条,也可以说是进化的一种表现。如今,一切都在快速发展。因此,我认为思想也必须与时俱进。

如今日本的宗教停滞不前,我们仍然沿袭着德川时代的宗教方式。这样下去,宗教就会逐步衰退。至于宗教对于人类生活是否必要这一问题,有各种不同的观点。在我看来,正确意义上的宗教会对人类产生积极影响,也是必要的。但是,那些阻碍进步的宗教对我们来说却是有害的。

就连资本主义的存在方式也已经彻底改变了。我经商到今年已经快五十年了,如果我如今还沿用五十年前的思维方式,那松下电器可能早就破产了。公司的产品也在不断地更新换代。大家两年前买的产品或许现在已经需要换新的了。这的确是事实。

事物都会自然消亡

最近我同一位禅宗的僧侣见了一面。他是一位声名显赫的禅宗僧侣。当时我们一边吃饭一边聊天。其间我问他:"您是信奉禅宗的,您认为禅宗未来会怎样呢?"他微笑着回答我说:"自然消亡吧。"这位被誉为禅宗大家的僧人突然如此坦然地说出禅宗将会自然消亡,让我非常惊讶。

于是我又问道:"这样的话可说不得啊。您不是禅宗的僧侣吗?"他回答我说:"是的,我是禅宗的僧人,但禅宗的确是会自然消亡的。"

接着,他又对我说:"松下先生,万事万物都有它们的寿命。即使是禅宗,也会有消亡的一天。"听了这番话,我不禁感慨道:"此言不虚。"

我又问:"照您这样说的话,你们尽心尽力宣扬的禅宗实际上并不十分可信啊。"对此,他却回答说:"并不是不可信的,而是一个原则问题。世间所有事物都有命数,命数尽后一切都会消逝。但在那一刻来临之前,我将努力投身其中。这是禅宗僧侣的使命。所以我固然清楚禅宗终将自然消亡,但仍坚持宣扬禅宗,直至我生命的最后一刻。这就是我的责任。但是,如果像您这样直截了当地问我禅宗将来会怎样的话,我是不能说谎的。我只能告诉你它会自然消亡,除此以外别无他法。但是我不能预测它何时消亡,或许是一千年,或许是一万年。但总归有一天它是会消逝的。"

听了他的话我感到一阵安心,便说道:"如此看来,松下电器也有一天会消亡吧。也许是一百年后,也许是五十年后,甚至可能明年就会倒闭。"他笑着说:"是的,也许吧。"由此,我自然而然地联想到一件事情。当初我成为电器商人的动机并不是很明确,但隐约记得应该是我在学徒时期,第一次看到大阪市有了有轨电车。当时我便很单纯地猜想"未来应该是电气时代吧",于是我选择成为一名电器商人。

最近我们已经看不到有轨电车了，它的寿命仅有六十年。也就是说，有轨电车从诞生到消亡只有短短六十年。

不断革新

不久前,我还会见了一家合成纤维公司的社长。在交谈过程中,他告诉我:"合成纤维的设备大约每五年就有新产品问世,我们的设备也需要随之更新。也就是说,一款产品的寿命只有短短五年。"我说:"是吗?那可真是不容易啊。社长您一定也很担心吧。"他回答说:"确实如此。我们必须在这种情况下不断工作。这就是我们行业的现状。"事实也的确如此。

维尼龙、涤纶等各种新产品不断问世,针对每一种新产品,厂家都需要更新一次设备。旧设备无法用于生产新产品,因此厂家必须购买新设备,将其全部替换掉。电车的迭代也是如此,并且这种更新迭代的速度逐渐加快。因此,我们绝不能故步自封,必须随着时代变化而变化。

最近,东京某位年轻的大学教授访问了东欧的三个国家，其中包括匈牙利、捷克斯洛伐克等地。他与当地的一位年轻教授谈论起了马克思的话题，结果那位教授却笑了起来。

他对这位日本教授说道："在你的国家还能靠马克思吃饭吗？我们国家现在正在重新思考如何才能实现繁荣。我并不否定马克思的思想，但我们正思考如何通过实际的工作来实现繁荣。你提到了马克思主义之类的事情，你们国家能靠这些吃饭吗？"听了这些他吃了一惊，然后就回来了。现在的时代的确如此。一切事物都处在变化之中。

由此，我深刻体会到，工会的运作方式和公司的经营方式都必须不断地革新。

一亿人一亿种职业

还有一件事情,不知道对诸位是否有参考价值,但这是我经常思考的一个问题。

为了繁荣,我们就必须考虑到职业的多样化。换句话说,随着社会的发展和进步,职业种类必须增加。

也就是说,如果有一亿人,与之相对应,也应该有一亿种职业,这是最理想的状态。职业多样化是必要的。实际上,我们也正在朝着这个方向发展。

德川时代的职业种类有多少呢?我想恐怕少得可怜吧。随着社会的进步,职业的种类也在增加,同一种职业的分工也越来越细。

过去,一个医生什么病都看。无论是眼病还是耳疾,一位医生都能诊治。但如今我们有眼科、耳鼻喉科、胃肠科等细分科室,这种专业细分是非常必要的。由此,职业种类也就越来越多。

有些医生可能擅长治疗耳疾，但在眼病治疗方面却不行。每个人都有自己的特长，擅长治疗耳疾的人最好成为耳科医生，而擅长治疗眼病的人最好成为眼科医生。善于演讲的人可以成为演说家，而善于歌唱的人可以成为歌唱家。

如果职业种类足够多，那么每个人就都能够找到自己喜欢的职业。但是，如果职业种类较少，即使不适合某一职业的人也必须硬着头皮选择该职业，因为除此以外别无选择。这样会导致效率低下，也不利于实现繁荣。因此，我认为职业种类多样化是文化发展程度提高的体现，也是繁荣的体现。

要想在社会结构中扩充职业种类，就必须提倡自由主义。在我看来，通过赋予思想自由、宗教自由以及在各个方面的自由，就能够实现职业种类的增加。

这样一来，我们就可以更容易地找到适合自己的职业，从而提升效率。这是我们所期待的社会。如果社会机构不主张增加职业种类，就无法实现人类的繁荣，反而会将我们引入贫困的深渊。

职业种类的增加将使得人才更容易在适合自己的岗位上发光发热。赚钱固然是件好事，但如果从事的工作是自己不喜欢的，那么即便挣再多的钱也无法令人真正开心。有很大一部分人为了能够从事自己喜欢的工作，甚至宁可接受低工资。因此，我认为，社会应该为人们提供更多的职业选择。

探寻繁荣之路

最近议会正在就企业广告宣传费的征税问题进行讨论。有人提出，应当对企业的广告宣传费征税，以此增加税收，同时可以通过减税来加以平衡。我相信大家对这个问题都有所了解。

如果这个世界没有了广告，会发生什么事情呢？我认为，如果广告从世界上消失，那么后果将非常严重。首先，杂志和报纸等媒体将无法继续生存，因为实际上这些媒体都是依靠广告生存的。其次，街上的霓虹灯广告也将消失。没有了广告，街道会变得昏暗。可以说，这个世界离不开广告。

同时，一些人会思考广告存在的合理性问题。他们认为，大量投资广告是一种荒唐的行为，如果不去投资广告或许商品会更便宜。就我个人来说，我是无法理解这种想法的。

如果没有广告，世界将变得一片死寂，任何繁荣的景象都将无迹可寻。没有了广告，就连打电话的人都将减少一半。同时，电视台也无法正常运转。或许到那时就只剩NHK还能生存下去，其他电视台都会因失去广告收入而倒闭。

因此，广告看似多余，却在滋润着我们的心灵。虽然有时广告可能做得有些过，但适当的广告实际上是必要的。可以说，越发达、越繁荣的国家广告越多。

我最近还注意到另一个问题。就是发展中国家的零售利润率通常只需要10%就可以维持经营，而日本通常需要20%。而欧美国家，通常需要达到30%。这就是事实。

如果有人认为发展中国家这种薄利多销的方式不错，于是转而强迫美国也只收取10%的利润的话，那么美国的繁荣可能就要就此终结了。

讲到这里大家都清楚了吧。美国包括工资在内，一切都很高。由于所有东西都很昂贵，所以零售商也需要保证较高的利润率。这些高额利润可以用来做很多事情。因此，薄利多销这句话是不错，但如果像美国这样的国家也采取发展中国家那种经营策略的话，美国的经济迟早会崩盘。

日本会朝着哪个方向发展，目前尚不清楚。但无论如何，如果日本想踏入先进国家的行列，就必须提高零售利润率。事实就是如此。

那么就涉及政府官员们对此究竟了解到什么程度的问题了。我认为过不了多久电话费就要涨了。社会发展水平越高，消费水平也就越高，相应地就需要更高的收入来平衡。

各阶层的收入增加意味着文化发展水平、社会繁荣程度的提升。反之，如果各阶层的收入减少则意味着国家走向衰弱。我希望议会就这些问题展开更为切实的讨论，但目前的议会却选择反其道而行之。

开阔眼界，活用一切

我总觉得最近日本的社会治安不是很好，杀人事件时有发生，青少年犯罪案件也日趋增多。

我认为这种现象非常恶劣，但转而又想到，如果真的没有了邪恶，那还能构成这个世界吗？首先，如果没有邪恶，就不需要警察了，也不需要法庭。没了反派角色，看戏也不会有什么意思。

古代日本有句谚语叫"小偷也有三分理"。说小偷也有三分理，可以理解为当时人们是认可了小偷的存在的。

问题在于，邪恶必须被控制在适当的范围内。这世上有恶人也有好人。假设社会中有一百个人，那么其中恶人占多少百分比是合适的呢？我认为，如果在一万人中，只有三个人是恶人，那么这就是一个健康的社会。如果这个数字增加到五个，就有些过分了。社会必须对此进行干涉，将恶人控制在三个人之内。

因此,如果总理大臣站出来说要将邪恶彻底根除,那么我会认为他无知至极。适度的邪恶是必要的。因此可以说,我们必须承认邪恶的存在。如此想来,世界上并不存在绝对的善与恶。换句话说,没有绝对必要的事物,也没有绝对不能接受的事物。

现在我们惧怕霍乱病菌。但是,也许再过一百年,人类会发现利用霍乱病菌的方法。一旦我们掌握了如何利用霍乱病菌,就很可能取得重大成果。也就是说,随着知识的不断进步,我们曾认为不必要的事物也可能会变得必要。

因此,我们不能狭隘地看待事物,反而应当接纳包括恶在内的各种事物,并从各自的立场出发对万事万物加以合理利用。

然而现在的人总是将自己的眼界局限于一方天地,认为只有自己视野之内的才是正确的,视野之外的一切事物都是邪恶的。我认为这种判断事物的方式是非常可怕的。

人们常说，要包容，要开拓视野，但实际上基于包容精神开拓视野是不可取的。我们必须从本质上拓宽视野。我认为，拓宽视野的本质就是以360度的全方位视角看待事物，并思考如何合理利用视野中的一切。

在我看来，个人和组织都应当基于这种思考方式来行动。

内容讲得有些杂，还请各位多多谅解。时间有限，我的演讲到此结束。

全国电气通信劳动工会近畿地区本部干部会议
1967年3月4日
于京都商工会议所

第四章
形势好好，形势不好也好

- 政治混乱会影响经济活动，进而导致物价飞涨。经营者应当从经济界人士或国民角度出发重新审视政治问题。

- 国民生活与政治密切相关。特别是民主主义，它与我们每一个人关系密切，我们不应舍弃自己的政治责任。

- 我们可以利用经济寒冬这段时间休养生息，经济寒冬也是一次利好时机，可以用来休息、思考，以及为未来做好准备。对于商人来说，"形势好好，形势不好也好"这句话应时常伴随着我们。

第四章　形势好好，形势不好也好

大家好。正如刚才佐治先生（佐治敬三氏，三得利公司社长）所说，今天大家齐聚一堂，我感到由衷的高兴。同时，也非常感谢各位能够给我这次演讲的机会。

近期政治经济形势急剧动荡。在这种时刻，我相信大家从各自的立场出发肯定会有很多思考。在这样动荡不安的时刻，我们必须认真思考，采取行动。正是在这种时候，我才更想听取诸位的意见，了解年轻人是怎么想的。因此，今天就由我来抛砖引玉。

先以我提出的话题作为引子，引导诸位表达自己的看法，让我能够多多听取大家的各种想法。在这之后，基于各位的意见，我会再次分享我的一些看法。希望这次我们可以以意见交流会的形式坦诚沟通，期待今天大家都能够畅所欲言。

我准备开诚布公地谈谈我自己的想法。因此，如果触及政治敏感话题，或者在讲话中有冒犯诸位之处，还请多多谅解。我绝对没有任何哗众取宠的意思，因为那样反而会显得惺惺作态。我只是想坦诚地表达我的想法。因此,在接下来的约一个小时里,我会就我认为重要的问题畅所欲言,然后留出大约不到一小时的时间听取大家的意见。

为何日本经济会发展

目前日本存在许多问题，我认为其中的首要问题是政治不稳定，并且这些政治方面的不稳定因素正在逐步显化。总的来说就是国内舆论没有形成统一。

今天，在任何一个民主主义国家，执政党与在野党之间的对立总是存在的。以英国为例，虽然执政党与在野党之间存在对立，但在外交等问题上，双方却能够超越党派建立统一阵线，因此总体来说还比较顺利。

日本在外交问题上却存在着党派对立，在处理国内问题时对立则更加突出，这种情况在其他国家是比较少见的。发展中国家由于政治尚未稳定，因此可能存在各种问题。但是就发达国家而言，我认为像日本这样党派之间存在着如此激烈对立和斗争的国家并不多见。

我们必须把这种对立控制在一定限度内，这样才能提高政治的生产效率。这里暂且不论用"政治的生产效率"这一词组是否恰当。在这方面，日本的政治生产效率并不高。我认为非但不高，而且是极低的。这对于我们国民来说是一个很大的问题。作为经济界人士，我们也不得不去思考这个问题。

在这种对立斗争的政治环境下，日本为何能够取得如此巨大的经济发展呢？事实上，我认为日本迄今为止的经济发展，不能说是完全依靠自身力量实现的。虽然今后我们可能更多地需要依靠自身力量来发展，但事实上，日本迄今为止的经济发展在很大程度上是依靠外国援助实现的。尽管激烈的内部政治斗争造成了很大损失，但外国的援助又弥补了这些损失，这才促成了日本的发展。我认为这种看法应该是成立的。

第四章　形势好好，形势不好也好

消化吸收国外技术

目前，日本各行各业都在提高生产，为此人们成立了生产性本部①。这项举措源自哪里呢？其实这并不是由日本自己提出的。这种做法实际上是从美国引进的。美国向日本提出，这种做法可以使各领域效率得到提高。如此日本才在美国的指导下引进了这项措施。

从这件事情可以看出，日本在很多方面都受到了外国的援助和指导。除此之外，公司经营管理等方面也都依靠了国外的力量。换句话说，在经营方面和技术方面，我们的行业几乎都受到了外国的指导。举个例子，电子产业需要非常高端的技术，而

---

① 成立于1955年3月的财团法人，是日本推动生产力提升的核心机构，主要开展生产力提升相关研究调查，同时也负责向各企业提供建议等。

现在，几乎所有日本一流公司都在引入外国的技术。电子产业方面，无论是松下电器，还是像东芝、日立那样的公司，无一不在采用外国的技术，并且这些公司都能够很好地应用这些技术来实现公司的飞跃性进步。但是，如果当时日本不允许引入这些技术的话，那么日本的电子产业恐怕就不会像今天这样发展得如此迅猛了。

现在，无论是彩电、录音机还是收音机，日本的出口量都相当大。这是因为日本的产品质量好、价格低廉，所以能够卖到国外去。但同时，这也是因为我们引进技术之后成功对其进行了消化吸收。如果没有这样的消化能力，一切都是徒劳。幸运的是我们有能力消化这些技术，从而得以不断地进行出口。但是，如果我们拒绝从国外引进技术，只聚焦于日本国内的发明创造的话，恐怕日本就没有今天的发展了。各方面都是如此。

第二次世界大战后的 20 年间，日本人的平均寿命延长了 20 年。而在此之前，比如从 1897 年至 1936 年的 40 年间，日本人的平均寿命仅增加了 5

年。然而，在这 20 年里，尽管人们在战败后的极端困境中过着食不果腹的日子，平均寿命却延长了 20 年。

为什么日本人的平均寿命会延长这么多呢？第二次世界大战前的 40 年间，平均寿命只增加了 5 年，而战后的 20 年间却延长了 20 年。这种本来不可能发生的事情却实实在在地发生了。其背后的原因主要是我们引进了卫生学、医学、药学等方面的知识和产品，青霉素就是其中之一。虽然现在我们自己有能力生产这些东西，但最初是依靠外国提供的。平均寿命延长 20 年，这是非常了不起的事情。这种伟大的成就并不是我们自己创造的，而是依靠了外国的力量才实现的。

政治扶持必不可少

考虑到这一点,我们现在虽然实现了经济发展,也引起了外国人的兴趣,但是这一切都离不开外国的援助。如果没有那些援助,恐怕就不会有日本的今天。

日本国内各政治派系相互斗争,在野党一分为二,互相对立,这些都严重影响了生产效率的提升。然而,来自外部力量的积极影响远远超过了日本国内政治对立造成的消极影响。日本的政治对立比任何发达国家都要激烈,尽管政治环境非常不利,日本经济却在持续发展,这背后是外部力量在发挥牵引作用。

如此想来,我们就知道应该就哪些方面进行反省了。

在没有考虑到这一点的情况下,我们是否可以说,"尽管我们处于对立斗争的状态,但我们取得了如此发展，这不仅是政治的功劳，也是经济人拥有巨大的力量和付出了巨大的努力所致。因此，经济才得以发展"？我认为这个说法是有问题的。事实上，我们可能无法这样断言。这是我们现在必须认识到的问题之一。

尽管如此，经济界总的来说已经将来自外国的力量吸收并融入自己的体系之中，从而实现如今的平等竞争。即使没有任何外部支援，我们也能够在一定程度上进行自主创造。这是事实。

然而现在，随着与国外的竞争日趋激烈，一路发展至今的日本经济界极度需要政界的助力和支持。然而，政治是否能够提供这种支持，则是一个非常值得思考的问题。我们现在不得不面对的问题是政治会不会对经济起反作用。政治是否会削弱已经发展起来的经济力量和经济人士的力量，是否会对此产生负面影响？这些问题都需要我们认真思考。

如今的经济界人士背负着沉重的负担。迄今为止，尽管政治力量给经济发展拖了后腿，但好在外部力量起到了更大的推动作用。因此，尽管受到政治的拖累，经济仍然得以发展。然而，如果这种推动力量消失了，那么剩下的就只有负面力量了。如果真的出现了这种情况，我们就必须思考未来日本的发展是否还能够一帆风顺了。

好在日本的经济已经发展到了一定程度，经济实力已经相对完善，即使存在一些政治上的不利因素，也完全可以弥补。但是，如果没有这种力量，那么日本的发展将十分困难。这就是我们现在所面临的日本的真实情况。

未来，经济界人士必须依靠自己的力量推动经济发展。同时，还必须将余下的力量用于改善日本的政治状况，推动政治的进步。这是当今经济界人士被赋予的责任和立场。

我们现在处于比美国更加艰难的境地。美国可以只考虑经济而不必考虑政治，但日本不同。尽管我们已经在国外的援助下走到了今天，但是如今我们必须背着糊涂了的老爷子前行。美国却不必面对这些问题。他们的父辈反而像呵护成长中的孩子一样，不断给予他们支持。与之相对，日本的父辈却成了我们背上的负担。我们就是在这种情况下与世界各国进行竞争的。如此看来，我们的处境十分艰难。

美国废除了消费税

最近有一件事令我感触颇深。去年上半年美国取消了以往针对彩色电视、黑白电视等电器产品的消费税。

美国目前正在投入大量资金解决越南问题,这是其面临的难题之一。此外,他们在航天工程上也需要投入巨额资金。这是日本还未涉足的领域。美国在政治上还面临着人种问题。尽管面临着不少复杂的问题,美国还是在前年实施了减税政策。这是为了把在战争期间增加的征税恢复到原来状态。因此,肯尼迪宣布了减税计划。然而,在计划实施之前,肯尼迪却去世了。此后,约翰逊接替了他,于前年将企业所得税和个人所得税分别降低了30%,并且于今年废除了消费税。尽管面临着三大棘手难题,美国还是逐步实施了减税政策。

最近,越南问题陷入相当的僵局。同时,在航空航天领域，为了不输给苏联，美国也必须投入大量资金。

如此看来，美国确实需要大量的资金。于是美国只得考虑将已经宣布的30%减税幅度调整至25%。这与日本的情况大不相同。我们经济界人士，也就是从广义上来说的全体国民，必须通力合作来弥补这种差距。虽然我们希望能够从政治层面获取帮助，但是政界却做不到。因为这样做离不开充足的资金。

这样想来，我虽不是悲观主义者，但我认为我们眼下面临的问题的确不小。

政治层面存在损耗

最近我在某次演讲中提到过，日本现在的人口是1亿人。相比之下，美国的人口是2亿人。然而，正如我之前所说，我们接受了各种教育，积累了一定程度的知识。因此，如今的日本和美国在个人层面的差距已几乎不存在。

再谈到企业层面，有些日本企业已经超越了美国企业，造船业就是个例子。与美国的造船业相比，日本的造船业更出色。或者以电子显微镜制造业为例，日本在这一行业中已经处于世界领先地位。虽然日本的汽车行业还没有成为世界第一，但已经超越了德国，位列世界第二。

单从某些具体企业或行业的情况来看，日本已经超越了美国。同时，个人与个人之间的差距也不复存在。就像日本的学生去美国留学，有时候是美国人考取第一，有时候则是日本人考取第一，几乎

第四章　形势好好，形势不好也好

没有什么差距。这就是两国的现状。

那么如果1亿国民团结一致投入生产活动，同时政治也对国民活动提供相应的支持，其结果会如何呢？日本的预算能否达到5万亿日元呢？相比之下，美国的预算已经达到了40万亿日元。这一数额足足是日本的8倍。美国的人口是日本的2倍，但国家预算人均居然是日本的4倍。

也就是说，日本的人均预算仅是美国的四分之一。为什么会这样呢？有人觉得："这是理所当然的呀。日本几乎不征收税款，税收只有美国的四分之一。所以美国的预算当然能达到40万亿日元了。"这样的说法真的合理吗？

事实上，美国的税收是比日本少的。反而是日本的税收较高。因为美国最近实行了30%的所得税减税政策，所以美国的所得税税率也是低于日本的。然而，日本整体国民活动的所得成果却只有美国的四分之一。这样的话，就说明一定在某些环节存在损耗。

那这种损耗究竟存在于哪里呢？其中一部分可

能源于国民的习性和习惯。但我认为还有另一种损耗存在,那就是政治所导致的损耗。这些因素叠加在一起,才导致了我刚才提到的国民总生产力极度低下的情况。

在这种情况下,如果今后与世界上的诸多发达国家竞争的话,虽然某些企业可能会取得一些出色的成绩,但就全体国民来说,我们的力量仅为美国的四分之一。

但是,国民的个人欲望并不会减弱。换言之,日本国民看到美国的情况后,就会要求日本向美国看齐。例如,美国国民一周工作3天,日本国民得知后就也想一周工作3天。这种欲望不会有丝毫减退。但是这样做可能会导致一些麻烦。因此,如果我们只能创造四分之一的产出,那么我们就得满足于四分之一的收入。或者我们要充分意识到这一点,并为此采取相应的生活态度。这正是我们现在所面临的挑战。

这个挑战无法靠单个国民的力量应对,所以我们必须作为一个整体来解决这一问题。我认为,我们必须从政治层面入手,认真思考应如何应对这一挑战。

秩序越好，物价越低

昨天我看了一篇文章，讲的是评论家细川隆元先生最近赴美的经历。我也曾在两年前去过美国，了解过洛杉矶市议会的情况。该市议会有15名议员，加上市长一共16人。这16个人通过圆桌会议高效地处理政务。而且，其中既没有党派划分，也没有任何政党介入。洛杉矶是一个大都市，但是议员只有15人，即便如此，这座城市却运转得很好。这是我所知道的，至于其他方面我并不太了解。根据细川先生的说法，旧金山的人口约为85万人，但市议会只有6人。而且，旧金山没有市长。这6名市议会成员通过选举产生，承担着城市总管理人的角色。也就是说，是市民们任命了城市的总管理人，让他们负责城市管理，处理各类咨询协商工作。这就是旧金山市政的情况。文章中还提到了其他两三座城市，情况都大同小异。

第四章 形势好好，形势不好也好

由此可见，美国的行政效率非常高，并且不需要太多的财政支出。这就涉及政治生产效率的问题。当我们想在经济界做一些涉及市政的事情时，必须获得市政府的批准。如果是在旧金山，我们可以与6名代理市长的总管理人进行磋商，而他们很快就会做出决定。这一过程非常迅速。但是如果我们想在大阪做这类事情，就必须与100名市议员举行会谈，然后再一一说服他们。这一过程无疑会耗费很多时间。耽误的时间越久，我们的工作延误也会越严重。

如此看来，政治方面的低效实际上已经影响到了我们经济界人士以及经济活动。并且这种情况正在逐渐恶化。这种恶化又将反过来影响我们的经济活动，最终导致物价上涨。

如今日本物价持续飞涨，如果要问当前哪个发达国家的物价最高，那应该就是日本了。虽然其他一些国家的物价也很高，但它们大多是发展中国家。在发达国家中，日本的物价是最高的。

正如刚才讲到的，物价高涨的原因有许多，其中之一就是政治局面不稳定。一般来说，政治秩序不佳、治安混乱的国家，物价往往较高。相反，那些政治稳定、秩序井然、治安良好的国家，物价往往不会升得很高，即便有所上涨，其幅度也相对较小。

现在日本的治安情况如何呢？3年前政府发布了《犯罪白皮书》。如今虽然已经过去了3年，具体的变化情况我并不清楚，但据当时发布的白皮书来看，日本的青少年犯罪数量是德国的4倍，英国的13倍。第二次世界大战后，各国青少年犯罪数量都有所增加。尽管整体呈现上涨趋势，但日本的增长势头格外猛烈。

包括经济界人士在内的全体国民，尤其是政府官员必须认识到这种情况的严重性。不同国家，犯罪率可能会有差异，有的国家的犯罪率或许要比其他国家高出20%~30%。但像日本这样犯罪率达到了其他国家的4倍甚至13倍的情况很罕见，形势很严峻。这种情况会导致巨大损失，应引起舆论的关注。然而，舆论几乎没有任何反应。媒体对此也

第四章　形势好好，形势不好也好

只是稍加报道了一下而已。

日本同其他国家之间存在着如此巨大的差异，不知道经济界人士是否都对此有所了解。或许有些人即使听到了这件事也只是麻木地说一句"是吗"而已。他们已经习惯了以这种漠不关心的态度将事情一带而过。

虽然已经出现了如此异常的情况，人们却对此感觉不到异样。这种现象日积月累，最终导致了如今的经济寒冬。今后日本的犯罪数量可能还会进一步增加，类似羽田事件①的情况也会接连发生，进而导致物价持续上涨。

在控制物价方面，人们只是试图去抑制上涨的物价，而不去探究物价上涨背后的根本原因。这种做法治标不治本，只会导致损失进一步扩大。

---

① 1967年10月8日，为阻止日本首相佐藤荣作前往"南越"（越南共和国）进行访问，约2000名学联学生在羽田机场周边与警察发生冲突。同年11月12日，又有约2000名学联学生聚集在机场附近，高呼反对首相访美口号，并与警察发生混战，造成多人受伤，并有数人因此被警方逮捕。

纳税后才到国民出场

无论是从经济界人士的角度还是从国民的角度来看，我们都必须重新审视政治。

我认为，我们至今仍然抱有一种封建主义思想，认为政治是上层阶级考虑的事情。尽管我们声称自己是民主国家，实行民主政治，但我们日常所接受和采取的行为似乎仍然受到封建思想的影响。

其中一个表现就是税收。我不知道大家是否有同感，我在缴完税之后，就会有一种如释重负的感觉，认为缴纳完税款就万事大吉了。

然而实际上，缴纳完税款之后国民的工作才刚开始。国民负责监督政府使用这些缴纳的税款。在过去的封建社会，例如德川幕府时期，平民也需要向领主缴纳税贡。至于在缴纳完税贡后，领主如何使用这些税贡，平民就不得干涉了。因此在缴完税后，无权干涉税款使用情况的平民就可以松一口气,把剩下的事情全权交与领主做主就好。

然而今天早已不是领主执政的时代了。如今的政治是我们自己的政治,因此不能再像当年那样认为缴纳了税款就可以一劳永逸了。缴纳税款之后,我们真正的工作才刚开始。作为国民,我们必须监督政府,促使其有效地利用这笔税金。

如今,日本的纳税人数已经达到了2200万人。但在这2200万人中,究竟有多少人意识到了这一点呢?我认为几乎没有。我们在形式和理念上是民主主义,但事实上我们今天的现实情况就像德川幕府时期那样,缴纳税款以求安度来年罢了。

这样下去日本的境况永远都无法得到改善。我们也无法实现真正的民主主义。这正是我之前所说的,日本的生产力只有美国四分之一的原因。这种现象造成了巨大的损耗。仔细想来,我们必须在各方面都依照民主主义行动,将这种思维刻入脑海,同时还必须考虑经济和政治层面的问题。

做国家的主人

我们不必亲自着手政务。因为我们可以将政务委托给政治领域的专家们。但委托的主体是我们自己，而被委托者则是政治家。政治不是为政治家而存在的，而是为了我们委托人而存在的，被委托者必须按照委托者的意愿行事。

我们建造房子并不是为了木工或者建筑师而建造的，而是为了我们自己能够入住而建造的。因此我们会委托木工和建筑师为我们建造房屋，但是最后入住房子的是我们自己。我认为政治也是如此。然而，现在的情况却是我们委托对方建造房子，出钱建造，最后入住的人却不是我们。如此下去，政治永远也得不到改善。

我今天并不打算谈论政治，但是我想说的是，国民生活与政治是紧密相关的。大家应该牢记，民主主义政治是我们自己的政治，如果我们放弃了自己的政治责任，就不可能得到好的结果。我们必须清楚地认识到这一点。

但这也不是一蹴而就的事情，我们应该在日常生活中抓住每一次机会，带着这样的责任感审视事物，做出判断，履行我们身为国民的义务。我认为，当今日本人的民主主义政治观念极为薄弱，这一点很成问题。

要解决这个问题并不容易，我也无法明确给出具体的解决方法。但是我认为，我们首先要做的就是清楚地意识到这一点。在此之后我们才能更进一步，具体问题具体分析。这时候，大家又会提出不同的意见，每个人都有自己的想法。然而我认为，目前大家对此还没有进行深入思考。以选举法为例，有人认为这种选举法好，有人认为那种选举法好，大家的意见不尽相同。在具体的政治问题上，我们在讨论过程中以及实际执行中多少都会遇到一些分歧，但至少在主人翁意识这一点上，我认为大家应该达成共识。而现在，大家对此并没有清晰的理解，纷纷放弃了达成共识，这肯定是不行的。

顺应衰退，逆风成长

接下来我们聊一聊企业经营。政府直至昨天还一直在实施刺激经济的政策，但今天却态度一转，突然开始主张紧缩政策。日本经济陷入僵局，全球形势也在急剧变化。英国又下调了英镑汇率。日本之前一直在出台各种扩张性政策以提振经济，但现在政策突然收紧，形势可以说是急转直下。

在这种情况下，我们作为经营者应该思考应对之策。因为这已经超越了政治，是摆在我们每个人面前的问题。我相信，诸位为了解决这一现实问题做出了很多努力，每个人对此也都有自己的想法，因此我希望能够参考一下诸位的意见。

大家都做着不小的买卖，雇用了许多员工，因此必须严肃、严谨地对待这一问题。

明年的情况会怎样呢？我认为明年的经济发展会趋于停滞，消费水平可能会进一步下降。这些情况都是可以预见的。政府目前正在考虑采取措施来解决这些问题。最近,建筑行业已经出现了这种衰退的迹象。工程项目的推迟使得建筑行业的订单少于预期。不仅建筑行业如此,其他行业也逐渐呈现这种趋势。明年经济预计进入下降轨道。由于本月月底会发放年终奖,因此消费水平在一定时期之内仍会处于上升阶段。

记不清是7月还是8月,政府曾提出要通过加息来收缩经济。当时将利率上调了约0.5%。由于当时经济势头良好,增长速度迅猛,因此该政策并没使经济一下子冷下来。近期随着年终奖的发放和消费活动的增加,出现了一波消费高峰。不同的行业,受影响的程度不尽相同,但可能多少都会受到一些影响,当然也有一些企业目前没有受到影响。但是,大家早晚是会受到影响的,因为政府实行这一政策本身就是为了产生影响。

明年我们做生意的人应该怎么办呢?如果我们以消极的眼光预判形势,主动按照经济下行的思路决策和行动的话,就会遂了政府的心愿,助推政府的经济收缩政策。

政府可以采取这样的方针,但我们不要急于行动。按照经济上行的思路行动,不符合当前的现实,不可取。但是,也不能因此就贸然按照经济下行的思路采取行动,这样也行不通。我们需要做的是认真思考,首先做到维持现有水平。

增长率由企业自主决定

至于维持现有水平，我的理解是保持一定范围内的经济增长率。举例来说，如果当前日本经济的增长率大致为10%，那么就是将这一数值降低至3%~4%。这个数字并不是基于复杂的数学计算得出的，而是我的推测。以前我们以10%的高经济增长率发展，如今10%可能维持不下去了，但3%~4%还是可以做到的。这样一来，有些企业可能会维持现状，有些企业可能会出现些许下滑，有些企业依然能够在一定程度上保持增长。这样一来，平均增长率能够达到3%~4%。

那么具体到自己的企业，无非是以下三种情况：暂时下降，保持稳定，或者即使在这种情况下也能够实现增长。

这样一来，即使存在着各种各样的问题，但只要认定自己可以实现或多或少的增长，那么即便无法达到 10% 的增长率，3%~4% 还是能够实现的。因此，我们可以以 3%~4% 为目标，或许足够努力的话还可以实现 7%~8% 的增长。即便政府实施了紧缩政策，我也仍然需要保证增长率达到 7%，绝对不能让增长率低于这个水平。这就是企业自主决定增长率。希望诸位都能像这样思考并付诸行动。

由于诸位所在的行业不同，所以可能有些人认为自己的生意增长率还可以达到更高水平。如果经济景气期间增长率是 20%，那么现在增长率可能降到 10%。总而言之，每个人的情况大不相同，我们应该针对不同情况进行自主判断，以这种思维方式应对各种变化。

那么物价又会如何呢？如果在物价稳定期间出现经济衰退，那么物价会下降。这时，销量相同，但总销售额会下降。然而现在即使出现了经济衰退，物价也没有下降。相反，某些商品反而还在上涨。这是由经济不景气，生产规模缩减导致成本增加造成的。从当前的社会情况来看，尽管经济一蹶不振，物价却并不会下降。这个问题非常重要。

如果能够通过抑制经济发展实现物价稳定的话,那就非常简单了。然而事实上,即便是抑制经济发展,也无法稳定物价。相反,抑制经济发展,物价反而会上涨。有些商品价格涨幅甚至会更大,成本会更高。如果商品只是成本上涨但依然能卖出去还尚且说得过去,但如果因此连卖都卖不出去的话就真是无路可走了。

因此,我认为破产的中小企业会显著增加,这就是我们目前所面临的经济形势。

形势不好也好

在经济下行期间,我们可以考虑对机器设备进行更换维护,为未来的生产做好准备。从这个意义上说,这其实也是一个难得的缓冲期。经济衰退期实际上是让我们得以休息和思考的时期,也是一个让我们静下心来思考问题的好时候。如何看待这一时期,取决于企业家自身的认知。

在我看来,自己之前一直忙得脚不沾地,一点休息的时间都没有,但每日如此忙碌一点都不休息是不行的。幸运的是,我现在总算是得闲了,正好可以借此机会去泡一下温泉。我认为我的这种想法也是成立的。如此看来,我们也不必太过担忧。我认为对于我们商人来说,"形势好好,形势不好也好"这句话是我们应该始终秉持的态度。

回顾我走过的这五十年,不管是形势好的时候,还是形势不好的时候,松下电器都泰然处之。

经济形势好的时候，我们就努力工作；经济形势不好的时候，我们就休养生息，并思考利用这个机会做些事情，为今后的工作做好准备。这种准备无论是对于心理上，还是工厂管理和产品研发上，都会带来积极的影响。这说明经济形势不好也是有好处的。在此期间，我们可以通过这种做法保证公司处于上升态势。

因此，我的想法还与当时一样。世界瞬息万变，我们要坦然应对这些变化。不能适应变化的人不适合做经营者，或者说不具备作为经营者的资格。这样的人不可避免地会被时代淘汰。不过对于其个人来说，经济下行实际上给予了他们转行的机会。这样看来也是一件好事。

合格的经营者，不管经济形势是好是坏都能灵活应对。如果做不到这一点，就是缺乏经营者必备的性格特质。

今天我的讲话可能有些杂乱无章。接下来我也很想听听大家的看法，我们可以相互交流，彼此学习。我就讲到这里，谢谢大家。

问答环节

1. 日新月异的宗教

提问者：我从很久以前就开始读 PHP 这本杂志了。它的理念给我一种类似宗教的感觉。如果我有所误解，还请您多多见谅。

松下：我现在对所谓的宗教持一定的怀疑态度。因为，原本宗教对我们人类来说是非常重要的东西，就像水一样。如果没有水，我们会口渴，甚至当身体出于本能渴求水的时候，无论是清水还是浑水，什么水我们都会去喝。

从更广义的角度来看，我们有食欲这一本能。也就是说，当我们感到饥饿时，会想吃东西。虽然最好是能吃到营养丰富且均衡的食物，但如果环境不允许，根本无法奢求这些，就算是地瓜藤磨成粉也得吃。只是这些食物所含营养成分较少，最好是摄取更有营养的食物。当然，如果没有的话也别无他法，只能有什么吃什么。

现在，随着科学的不断进步，粮食生产者不仅需要生产出营养丰富的食物，还要让食物变得更加美味以满足人们的口腹之欲。这俨然已经成了如今粮食生产者的使命。

我认为人类有一种信仰本能，也就是说我们总是倾向于依赖某一事物。如果人类没有这种信仰本能，即便再好的宗教，也不会有人去信仰。正因为有了信仰本能，人们才会因偶然的一个契机开始信仰某种宗教，并试图在其中找到自己生活的安身立命之所。

为真正的信仰本能赋予了具象化的信仰形式的正是宗教。因此，如果没有好的宗教，人们可能就会去信奉邪教。就好比在没有食物的情况下，人们可能会选择去吃有毒的东西。虽然多少含有一些毒素，但只要不致命就会被拿来充饥。因为人类与生俱来的信仰本能会促使人们这样做。同样的道理，由于人类具有信仰本能，人们会依赖某些东西，但是这一领域的好坏并不像食物那样易于分辨。宗教涉及的领域更广泛、更深奥，也更复杂。但基本上，人们都会去寻求一个依靠。

为了真正满足这种本能，我们必须在不同的时代，发展好的或者说真正优秀的宗教。这样一来，就像通过吃好的食物来维持体能一样，我们可以依靠信仰、皈依宗教，找到自己的安身立命之所，从而过上物质和精神双重富足的生活。

因此，我认为宗教也必须与时俱进，就像食物一样。我们一直在研发新的食品。比如，最近佐治先生的公司开始生产纯生啤酒，听说非常畅销。我们必须不断地创造出新的东西。并且，如果这一新事物能够满足人们诸如饮酒这样的本能的话，一定会广受欢迎。

同理，宗教领域也需要不断涌现出新的事物。宗教必须日益进步，如果宗教得不到发展，没有其他更好的宗教的话，人们就只能信仰那些现有的宗教。这就如同营养不良一样，会导致心灵上的不安，人会产生动摇。这何其不幸。因此，我认为宗教的确非常重要，但是每个时代都需要与之相适应的宗教。如果没有这样的宗教，人心就会不安，社会就会混乱。

2. 一成不变的传统宗教

今天，新兴宗教数量大幅增加。第二次世界大战前，独立的宗教团体，也就是宗派，只有35个。当时不允许新兴宗教团体出现，而现在只要申请就可以了。听说已经有600多个团体向政府递交了申请。这还只是10年前的情况，现在可能更多了。如今只要有心去做，无论是你我还是其他任何人，只要提交申请，就能成为宗教创始人。比如说，如果佐治先生向政府提交申请，注册一个"佐治教"，那他就成了"佐治教"的创始人了。现在就是这样一种情况。与此相对，传统宗教却是旧态依然。1000年前，它们是极具生命力的宗教。因此，依靠它们的人可以找到安身立命之所，并由此得到满足，过上平稳的生活。然而时代在变化，这些宗教却几乎一成不变。因此，随着时间的推移，一些人渐渐开始远离这些固有宗教。如果找不到好的宗教，他们就会陷入迷茫，一部分人就会跑去玩弹珠游戏。弹珠是一种赌博游戏，也可以说是一种宗教，因为人们在那里可以找到心灵的慰藉。

我基本上是不否定宗教的。因为它满足了人们的信仰本能，是必要的存在。虽然基本上不否定宗教，但是我最近觉得，宗教的形式以及教义理念必须与时俱进，否则就会与时代脱节。

3. 通往繁荣、和平、幸福之路

PHP并不是宗教，而是一种思考问题的方式。具体来说就是，为了实现人类的繁荣、和平和幸福，我们应该持怎样的思想观念。这是*PHP*杂志希望探索的。

然而，仅凭一两个人的想法是不够的，需要整合更多人的想法。可以说*PHP*就是在调试各种味道，以求将最美味的鸡尾酒献给大家。至于是否采取宗教的形式，这是未来才需要考虑的问题，目前还没有考虑这样做。我们目前正在思考的是，如何使人类更加繁荣，更加幸福，以及这件事情的

第四章 形势好好,形势不好也好

可能性。

第二次世界大战后我们一度处于非常混乱的时代。那时粮食短缺,有些人甚至会把父母的食物吃光。当时的状况可谓民不聊生、惨不忍睹。在那个时候,我意识到了一个问题,并对此产生了疑问。

虽说在战争中失败后出现这种情况是不可避免的,但是我们一开始为什么要发动战争呢?人类是否注定要经历这些?在过去几千年的历史长河中,大大小小的战争不计其数,难道这就是人类的本质吗?如果这就是我们的本质,那么我们的确避无可避。但是我相信这并不是人类的本质。人类本应被赋予更加高品质的事物,原则上来说就是繁荣、和平和幸福。为了得到这些,出于不同的思维方式,就会产生不同的结果。如果人类本身没有被赋予这些,那么即便再怎么研究也无法得到。钻石和煤炭的原矿石看起来并没有太大区别。但是,钻石经过打磨后会发出耀眼的光芒。这是因为其本身就具有这种闪耀的特质和本质。而煤炭无论如何打磨,始终还是煤炭,不会发出钻石的璀璨光芒。这是因为二者的本质不同。原则上讲，人类理应享有繁荣、和平和幸福。如果思维方式正确、打磨方法正确、沟通得当，我们是能够实现这一目标的。

于是，尝试探索出实现这一目标的方法便成了 *PHP* 的一个研究课题。如果繁荣、和平和幸福总是被破坏，并且这就是人类本质所致的话，那么我认为 *PHP* 就不应该存在。因为如果是这样的话，这一课题根本就没有研究价值。我创办 *PHP*，并非出于商业目的，而且它也不是我的主业，因此进展比较缓慢。但是，正因为进展缓慢所以逸趣横生。我很享受这个过程。如果什么事情都能一蹴而就的话，人就会失去乐趣。

4. 创办 *PHP* 杂志

第二次世界大战后的两三年里，我受到了各种限制，无法工作。当初我在被指定为财阀时，曾据理力争过。因为我并不是财阀。美国占领军解散财阀，是胜利者的自由。然而，财阀是有定义的，不是财阀的，其企业则不应被解散。

第四章　形势好好，形势不好也好

我一直认为自己不是财阀，但是他们却将我指定为财阀。即便是美国占领军也犯了同样的错误，这是我所不能接受的。我并不是财阀，为什么要解散松下电器呢？这不是滥用权力吗？对于杀人犯判处死刑我能够理解。但对于没有杀人的人也判他死刑，这是我绝对无法接受的。我不是财阀，为什么要把我误定为财阀呢？我希望他们能为我解除这一指定。然而，一旦被指定为财阀，想要摘掉这个帽子就很难了。

为此我抗争了四年。在此期间，我没有辞去社长职务。我去美国驻日盟军总部找了50多次，前前后后历经了4年零9个月，终于成功了。倒不能说是我胜利了，而是时代逐渐变化了。

在那之前，我已经无法作为个人开展经济活动了。当然，实际上我也无法继续担任社长，但我没有辞去社长职务。在抗议期间，我一直没有辞职。但是，他们不允许公司为我提供生活费，就连我给女佣的工资也需要得到盟军总部的批准才能发放。无奈之下我还曾向佐治先生的父亲借了10万日元的生活费，否则的话，我连正常生活都无法维持了。当时只要使用公司的钱就会违反规定，而我又不能违规，因此只得借钱来维持生活。这样的日子持续了大约一年半的时间。

在我坚持不懈的努力下，对方终于松口了。正是由于这段经历，才有了 PHP。但如果当时我选择放弃，就不会有今天的松下电器，也不会有后来的 PHP 活动。不过就是在当时那样的情况下，我坚持把 PHP 杂志办了下来，并一直做到了今天。

成为会长后，我开始逐渐重启了对 PHP 的研究。现在这本杂志的销量不断增长，每月的发行量已达到了 50 万份，并以每月增加 3 万份左右的速度持续增长。预计明年内 PHP 杂志的发行量将达到 100 万份。现在看来，这一目标是可能实现的。

5. 站在旁观者角度审视自己

提问者：刚才听您讲到了一个令我受益匪浅的观点。您提到，无论经济形势好还是不好，只要具备正确的思维方式，就可以不断进步。虽然经济下行，但物价却不下降，反而只会上涨。这样的话，工资也会随之上涨。如此一来，利润就会减少，公司股票就可能会出现减少分红或者不分红的情况。最近我看的一本经济杂志中提到，股东优惠政策对经营者提出了非常严格的要求。因此，有可能会出现指责经营者无能，逼迫他们辞职等情况。这种时候，作为经营者，应当如何看待自身责任呢？对此您有何高见？

松下：这个问题回答起来可不简单，不过我认为这还是取决于自己的良知吧。

如果你是一名合格的经营者，并且你已经为应对经济下行采取了一系列措施，奈何这一切都敌不过社会形势变动的影响。公司经营情况恶化可以归结为不可抗力因素。在这种情况下，如果你认为自己的行为不违背良心，那么即使公司利润减少，以至于需要减少分红，你也不需要为此辞去社长职务。人们也不会因此而责怪你。

但如果你并没有这样做，在尚有挽回余地的时候没有努力争取，导致公司经营恶化。那就是你没有承担起应负的责任。

因此,我们需要寻找抗争的机会,同时也需要考虑到抗争的机会是否会使自己受到更大的反作用力。为了做出正确的决定,我们往往需要站在旁观者角度来审视自己,或者说进行"自我觉察"。我们必须站在旁观者角度审视自己的行为,确保自己的行为是正确的。但实际上,这一点很难做到。有时候即使我们进行自我反省,也无法看得非常透彻。在这种情况下,我们可以尝试寻求他人的意见。

这时需要请教自己信任的人。如果能够通过自我反省得出结论的话,就不需要寻求他人的意见。但如果在自我反省后仍不清楚问题在哪里的话,不如尝试向他人寻求帮助。有时即使向他人寻求意见也仍然无法得到答案。这时可能就需要再向另外的人请教。

我认为,在今后一段时间内,我也会遇到一些难以抉择的事情。这个时候,下定决心处理这些问题就显得尤为重要。每个人的解决方式不尽相同,但如果被经济困境压倒，就会陷入僵局。因此，我们不能受困于经济衰退，而要敢于正视它。这样做才有可能找到应对之法。

6. 大丈夫能屈能伸

对男子汉大丈夫来说，懂得进退尤为重要。当退则退，当进则进。常言道，不当进则退，不当退则进，我觉得就是这个道理。当前摆在我们面前的问题是，应当采取什么措施来应对经济衰退。这里的进退并不是辞职与否，而是应当采取何种策略渡过难关。这才是我们所说的进退，能否做到这一点至关重要。我们必须时时刻刻保证自己做出正确的决策。我不知道举这个例子恰不恰当。今天我们的趋势就是顺应民意，民意很重要，即便是政治家也无法违逆民意。因此，毫无疑问，我们也应该顺应民意，至少在和平时期应当如此。

但是，织田信长在桶狭间之战中就做出了与民意背道而驰的决定。当时，人们都认为应该固守城池。对方有5万大军，而信长方只有6000名士兵，出城迎战必败无疑。当时人们都劝信长守在城中等候援军，不要在平原上与敌军交战，因为这样根本没有胜算。也就是说，所有家臣都认为应守城以争取时间。然而，信长却与众人意见相左。他对家臣们说，如果家臣们心意已决，那他便独自杀出城去。说罢，他便只身赴战去了。从这里我们可以看出，信长很知进退。只有他一个人清楚，固守城池必输无疑。胜败也看运气，如果奋力一搏说不定还有一线生机。最终，逆众人而行的信长获得了胜利。

但是例子归例子，现实中管理者一般都会受制于舆论。立于舆论的潮头之上总揽大局的确无可厚非，但领导者有时也需要逆民意而行。关键在于我们能否抓住正确的时机。我认为这一点至关重要。这番话听起来可能让人有种似懂非懂的感觉吧。但总的来说，在和平时期顺应民意不会错。但是，一旦遇到突发情况，适当地违背民意可能会成为我们的一线生机。所以，我们必须因时制宜，灵活地进行思考和决策。

7.经营者只做决策

不善于决策的人不适合做管理者。管理者的唯一使命就是做出决策。这就好比军师知道如何打胜仗,但是最终决定是否打仗的人是将军,而不是军师。

如果将军决定打仗,那么他可以委托军师筹谋战术,以最有效的方式规划这场战斗。但最终是需要将军来决定是否要打这一仗的。

经营者也是这个道理。只有能够在关键时刻果断做出决策的人才适合成为经营者,这一点我们必须明确。在大事面前,经营者必须果断决策,并时刻做好这种思想准备。如果平时没有锻炼出这样的魄力,在大事面前就会犹豫不决。

平时遇到些不痛不痒的小事可以糊弄过去,但真遇到大事的时候这样做就行不通了。在大事面前,我们必须独立思考并果断做出决策。为了能够在这种时刻临危不乱,我们必须在平时有意识地锻炼自己。

无论是做买卖、搞经营,还是治理国家,都会遇到难关，但并不是每天都会遇到难关。如果平时生活中没有出现大问题，正常交给员工们去做就好了。但是，在紧要关头我们必须有所作为。公司的管理也是如此。否则，你就很难让大家满意。身为领导者理应如此。

这是我的想法，但我也不清楚自己是否能够真正做到这一点。毕竟人到了危急关头总免不了会优柔寡断。

8. 真正的经营来自实践

提问者： 今天与会的大部分人都是您的晚辈，而且很多人都不是创业者。那么您作为创业公司的会长，除了锐意果敢之外，还有其他经验可以传授给我们吗？

松下： 其实经营并不是靠学习他人经验就可以顿悟的，我的经营之道是靠自己摸索出来的。而想要摸索出门道来，就必须参考他人的意见或者亲身投入经营活动中去。但经营只靠别人教是教不会的，必须自己不断摸索。

大家得自己思考，一边听取他人意见一边自己思考，然后领悟自己的道路。经营智慧源于实践。经营学可以靠他人教授而掌握。我们可以通过学习经营学，或者向经营学者讨教，在一定程度上顿悟。但是真正的经营别人是无法教会你的，必须自己去摸索、体会。

想要获得摸索过程中的一些参考资料有很多途径。可以向前辈讨教，也可以向后辈咨询，抑或是寻求朋友的建议，还可以进行一些实践性的尝试。

在我看来，首先拥有这样的心理认知才是自我摸索的最佳捷径。

9. 辅佐消费者成为明君

提问者：您如何看待过度竞争？

松下：目前，大多数日本公司都存在过度竞争的现象。一方面，政府似乎在鼓励这种过度竞争。另一方面，消费者们也在强迫企业开展过度竞争。

西方国家有一种说法叫作"消费者为王"。第二次世界大战后我第一次去欧洲时，参观了一家名为飞利浦的荷兰公司。在飞利浦公司，我第一次听说了"消费者为王"的说法。在他们的思维中，我们必须努力取悦国王。

我听到这话的瞬间就觉得很不认同。把消费者视作国王这无可厚非，但是，这个国王必须是明君。他不能因为自己是国王，就肆意施暴或欺压百姓。如果他不是明君，那么作为他的臣子，我们必须敢于谏言，否则就是不忠。

所以我当时对对方说："不能因为消费者是国王就对其百依百顺。这种做法是大错特错的，会致使他们逐渐变成暴君。我们不能让国王变成暴君，必须适当地从旁谏言，在保证尊重他的同时，让他成长为一位伟大的国王。"

最近日本也开始崇尚需求为王。顾客成了国王，我们要对他们百依百顺。在日本的封建时代，平民可以随意被斩杀。如果遇到如此残暴的君王，百姓和臣子们就会造反。因此，为了让我们的行业或者说日本的生产行业风调雨顺，我们必须辅佐出一位明君。如果国王是明君，我们也可以安居乐业、迅速发展。明君从不盘剥百姓，他们不会无休止地压低价格致使我们无法活下去。

我们必须敢于谏言，这不是为了个体的利益。如果我们让国王成为一位明君，让他做出公正的决断，那么就不会发生过度竞争。若非如此，暴君会让大家都陷入过度竞争的深渊之中。国王原本以民为本，并没有想要剥削人民的意思，但是人民一味讨好国王，这就会不可避免地导致家臣、生产者等陷入过度竞争之中。

如果这时，明君能够表示："你们不要过度竞争。你们付出了相应的努力，所以不应该卖那么廉价。作为你们努力的回报，我愿意保证你们拿到10%的利润，所以价格就不要再降了。"若能如此，那一切就都迎刃而解了，但是这样的明君是不会自己出现的。

因此，我们必须培养这样的明君。那么为了实现这一目标，我们应该怎么做呢？作为臣子，我们该如何向国王谏言呢？首先我们必须拥有坚定的信念。带着这种信念，我会说："请您稍等一下。如果您把价格压这么低的话，我就不能卖给您了。我一直敬您为英明的家主，也相信家主是不会欺压家仆的。我会尽心尽力做一位忠诚的家仆，但是如果您欺压我的话，我是会谋反的。"大致就是这个意思。

既然说消费者为王，那他必须是一位伟大的王。身为家臣的我们必须思考如何将自己的君王辅佐成一位明君。但是，如果家臣们为了恩宠相互竞争，致使原本标价500石的工作300石甚至100石也有人愿意去做，如此一来，国王就会逐渐变成暴君，最终导致国家灭亡。

过度竞争是一种罪恶。不谏言的臣子是忘恩负义之人，正是这种人纵容国王成为暴君的。这种做法是绝对不可取的。

因此，一定不能让自己的公司做出这样的事情，不能看见别的公司这样做就认为自己也不得不效仿他们。这样做就是所谓的不忠不义。

10. 舍生取义

提问者：如此看来，做忠臣真是件苦差事，一点儿也不容易啊。

松下：忠臣意味着舍生取义，只有极少数人能做到这种程度。如果谏言之后公司的产品卖不出去了，那就干脆认命不卖了。我就是这样做的。

对此，国王也并不愚蠢，毕竟产品还是要买的。只要我们没有谋取暴利，没有不忠不义，那么国王还是会怜爱臣子们的。想到这些，我就会劝自己要坚定不移地走下去。

对于那些威胁的话，我总是坚决反击，决不允许他们逼忠为奸。

如果别人压低价格，我们也跟着廉价销售，最终我们都将不得善终。所以我们才必须向国王进谏。

你有你的供销渠道，如果买家要求你再卖便宜些，你就应该明确地告诉对方，你的成本不允许你再降价。如果利润率低于10%，公司就开不下去了。所以你已经不能再接受讨价还价。关键就在于你能否讲明这一切。

或许有人听完后选择去别处购买。这种人与我们实现繁荣的目标是背道而驰的,我们应敢于选择不与这种人打交道。但我也不能对此缄口不语,至少要努力说服对方。我们可以向对方讲明是非对错,让对方心甘情愿地拿钱出来,以获得更大的回报。只要把一切明明白白讲出来,那么对方也会认同我们的。

我们必须说服国王,否则整个行业会陷入恶性竞争的循环。

我曾经就致力于这样的说服工作,所以我们行业如今还算比较稳定。否则一旦陷入恶性竞争,整个行业就会掀起一场腥风血雨。

行业中必须有忠臣,必须有人能够不顾自身利益,舍生取义,有时哪怕面临破产也在所不惜。作为忠臣必须具备这样的心胸。

过去的忠臣不惜捐躯救国。这些人通常会流芳千古,以今生困苦得后世垂青。公司经营也是如此。如果能够做到这一点,就永远没有我们不能说服的人。

在某些行业要想做到这一点并不那么容易，但我们必须具备这样的意识。如果做到了这些，除非你提出一些无理要求，否则即便价格高出一两分顾客也会买账。如果你怠于经营，导致成本越来越高，反而要求顾客以 10% 的利润率付钱给你，这就行不通了。

但是，如果你的生产成本比其他任何地方都低，就能获取一定的利润。因此，我们说过度竞争是一种恶行一点也不为过。如果有一种政策允许或鼓励过度竞争，那一定是严重错误的政策。

11. 将正确的事坚持到底

提问者：您通常如何处理业内的横向关系呢？

松下：即便是业内的横向关系，也离不开"忠诚"二字。但也有些人对这些充耳不闻。真正关注这些的人只是少数。实际上业内经常会因这些事情争论不休，渐渐地行业利润率也变得越来越低。但如果有一位忠臣站出来的话，那局面就能稳定下来。如果有三位忠臣，那行业会更稳定。这靠的也是说服。

那些成功说服国王的人没理由说服不了朋友。对于那些无论如何都听不进劝告的人，就任由他们我行我素好了。如果真心实意的劝说对他们不起作用，就只能等待时机了。那种不听劝告的人早晚会遭遇失败，只有在利益受损后他们才会听从别人的劝告。

但是这一切并不会像我说的这么简单。往往我们还是要亲身去做，才能得偿所愿。

从一开始名不见经传的小公司一步步走到今天，我的想法从未改变。最近我们公司按照自己的定价向顾客销售产品，没有一个人讨价还价，批发商和零售商们从来都是照单全收。由此可以看出我们肩负的责任非常重大。

如果对方讨价还价的话，就可以先把价格定高一些。这样对方一讲价，就会顺理成章地将价格降到合理范围。但如果对方不讲价，那么价格定高了对方就不买了。所以要把价格定在买与不买之间最

第四章　形势好好，形势不好也好

为合适的分界线上，这是非常难的。这是我目前的感受。

刚开始公司规模还不大的时候，即使定了价格，对方也不买账，认为我们的定价不符合市场行情，商品根本卖不出去。所以最初我们不能自行定价，只得让对方来定价。买方总免不了要讨价还价。比如有人会说："松下先生，您定的价格太高了，其他地方可不像您卖得这么贵。"这种情况时有发生。但对此我不做丝毫让步，我会回答对方："松下电器就是这个价格，如果难以接受的话您就到别处买吧。"

那时浮现在我眼前的是员工们的身影。成本价1日元的商品以1日元15分的价格出售还是有人说太贵。难道真是因为我们的做工不够好，定价太高了吗？如果真的是我们工作做得不好的话，那我们也无话可说。但是回想一下，我们并没有任何做得不好的地方。我们拼命工作，成本没有高于其他任何一家公司。那时，我亲眼看到每一位员工从早上7点到晚上7点都在挥汗如雨地工作。

我不能将那些人的努力成果抹杀殆尽。所以即使对方表示价格太高了，应该降一降，我也不做让步地告诉对方："我们都在拼命工作，产品做工并不差。如果您觉得价格太高，那我也没办法。我不会再做出任何让步了，请去别处购买吧。"如此一来，对方可能就会说："好吧，既然您都这么说了，那我就买吧。"

当时我认为，我们不能因为别处压价出售就跟着降价。我考虑的是我们是否一直在拼尽全力努力工作。我不能因为自己的一念之差就让每一位辛勤劳动的员工的血汗白白流走。这样一想，我就更加坚决地奉行我的理念，直至今日。

在别处，顾客讨价还价，把1日元20分的商品砍到1日元15分。而我们从一开始就定价1日元15分，无须讨价还价就是便宜的价格。由此，我们逐渐获得了客户的信任，对方甚至不再讨价还价，全盘接受我们的定价。这样交易起来十分高效，利润也是源源不断。

因此，要坚持自己认为正确的事情。如果觉

得自己的想法错了，人就会变得软弱。正如我刚才所说，如果我动一动嘴皮子就轻易地把价格降下来，就等于轻视了员工的努力，这是我绝对不能容忍的。永远心系全体员工，这样公司才能越做越强。

实际上，我本人是个软弱的人，却抓住了强大的力量。因为我意识到绝不能让员工的成果被轻视，所以才由内而外迸发出了惊人的力量。

我也大致了解您所在行业中过度竞争的情况。但是，如果能够坚定不移地沿着正确的道路走下去，自然而然就能找到出路。事实上，我也曾陷入过度竞争带来的困境。有时候，迫于形势我也曾觉得无可奈何，想干脆随波逐流算了，但压价出售绝对是一种堕落的行为。与其这样不如给自己来一个痛快的了断，至少还能保住一定的利润。

出口方面的情况与此相同。因此这一点同样适用于出口。我认为这不失为一个良策，或者说是一条出路。

今天时间有限,希望今后有机会还能与诸位深入交流。谢谢大家。

经济同友会东西会演讲会
1967 年 12 月 7 日
于关西俱乐部(大阪)

第五章

经营当以人为本

·经营者必须意识到自己的使命,并通过集思广益来践行使命。同时,经营者必须对经营事业抱着超乎常人的热情。

·在经营活动中,经营者的世界观、人生观至关重要。经营是为了人类而存在的,经营活动的产物必须造福于人类。

·经营者应当不断审视公司的整体实力、干部的能力以及自身的能力。只有在确信整体能力充足的前提下才能涉足新领域。

·正所谓流水不腐,户枢不蠹,经营也需要不断更新迭代,否则公司就会停滞不前。公司的经营方式需要与时俱进。

今天我们的话题是经营者的心得。因此,我将围绕自身经历展开谈谈我的一些看法。

使命感是经营之基石

经营的范畴是非常广泛的。从大的方面来看，国家治理也可以看作一种经营。同样，一家商店的经营也属于经营。虽然规模不同，但我认为经营的本质并无不同。

我认为对于一个经营者来说，心理认知是非常重要的。虽然经营者需要考虑的问题来自很多方面，但我觉得其中最重要的还是对于经营使命感的认知。尽管经营法则多种多样，但是对经营使命感的认知程度却可以让你的经营发生翻天覆地的变化。

想必从事经营事业的各位对于这些都有自己的看法，这也是理所当然的。毕竟不会有人只带着一腔热血搞经营。但我认为，经营者们对于使命感的认知程度决定着自身经营事业的发展。

我经营公司至今已经有五十年了。最初公司规模非常小，只是个由两三人组成的小作坊。幸运的是，随着时间的推移，员工数量也逐渐增加到了5人、10人、20人。

回顾整个经营历程，我认为在不同阶段，我的想法或者说公司的使命的确有所不同。

最开始的时候，我只想要干点儿什么，于是出于一种非常平凡的想法，就走上了电器制造这条路。然而一年过去，店里新添了5名员工，于是我就不得不考虑这5个人的未来。又过了一两年，我们的代理店也开始增加，有了几十家代理店。这些代理店都是以销售松下电器的产品为生的，所以我也必须考虑它们的发展。渐渐地，随着员工数量的增加，我自然而然地开始认识到自己的使命，或者说是我们这家小小的公司的使命。又过了一年，当员工数量增加到二三十人时，我对他们抱有的责任感也越发强烈。同时，我们的代理店也在增加。因此现在我不仅要考虑代理店的发展，还需要考虑到供应商。我必须对每个人负起责任。身为公司经营者，这种责任感成了我的使命，也成了这个公司的使命。

在企业发展过程中,我深刻地感受到了自己的使命,也随之产生了责任感。于是,我不断鞭策自己努力工作。不知不觉之中,我发现自己已经全身心地投入其中了。

这就是我的真实经历。

欣然接受提议

随着时间的推移，我越发重视公司内部员工的提案，并且非常认真地倾听他们的意见。同时，我也开始积极接受来自重要客户的各种要求和建议，通过集思广益推动公司不断改革和进步。

我经常说，我本人并没有深厚的学识，也没有其他方面的卓越才智，可以说是一个极为普通的人。虽然如此，但是我非常重视自身的使命和别人的意见，因此才收获了如今的才识，才得以将当初的小作坊一路经营到如今的规模。我嘴上这么说，心里也确实是这么想的。

如果经营者闭目塞听，那么提出建议的人就会越来越少。如果经营者对于他人提出的意见非常苛刻，那么即便是为店铺或公司着想的员工，也会很难再提出建议。因此，经营者一定要广开言路，对代理店和供应商也应如此。我觉得松下电器在这方面相对来说做得还是比较好的。

　　门店、公司内部员工都会向松下电器提出各种建议。对于这些建议，我都视若珍宝并欣然接受。因此，我始终认为，就松下电器过去五十年间的经验来看，无论是公司的经营方针还是各种经营策略，都是大家共同努力的结果。我也常常以此为荣。

公司发展得益于平凡之力

我并不认为松下电器是一个人才济济的地方。相反,我相信公司之中平庸者大有人在。但幸运的是,公司内部的氛围非常融洽。

大家都将公司的事作为自己分内的事去完成,形成了一股巨大的合力。个人能力超群固然重要,但每一位平凡者的力量的总和才是真正不可估量的。我认为这就是松下电器能够取得今日成就的原因。

常有人说,松下电器是松下幸之助凭借一己之力做起来的公司。的确,公司内部管理井井有条,我说的话几乎所有员工都会认真听,全部照做。因此,从表面来看,松下电器可以说是我松下幸之助在独自经营。

但事实与此截然相反,公司绝对不是我一个人在经营。我不认为凭借我一己之力就足以支撑今天的松下电器。我的一切决策都是基于全体员工的聪明才智做出的，所以即便表面上看公司是我一个人在经营，但实际上却是由全体员工在共同经营，绝不是我一人在掌控公司。用今天的话来讲，可以说我们在以民主主义的形式一起经营公司。

我们可以从许多方面来看待这个问题，也可以从许多方面来思考这个问题，但总而言之，我觉得我刚才所说的可以作为管理的一个原则。

关于这一问题可以有诸多看法。但一言以蔽之，就是必须具备我刚才所讲到的经营者的心理认知。

超乎常人的热情

作为一名管理者,如果能够在任何方面都出类拔萃,那自然是再好不过的。但是毕竟人无完人,几乎不可能有人在每个方面都做到十全十美。很多人在某一方面出类拔萃,但在其他方面却不尽如人意。作为一名身居管理岗位的领导者,至少有一点你不能忘记,并且必须做到超乎常人的程度,这一点就是热情。

智慧、知识、才识都不见得必须比旁人高出一筹,但在热情这方面领导者必须做到最好。我本身胸无点墨,也没有强健的体魄,更没有超乎常人的智慧。但在经营方面,我拥有远超他人的热情,这对我来说是最为重要的。员工们看到我如此卖力,他们会想,"老板如此费心费力,我们也得好好工作呀"。我相信,热情是会传染的。

一位领导者即便拥有杰出的才识和能力，但如果没有热情，那么为其工作的员工也不会有干劲儿。相反，即使你自己本身没有什么过人之处，但只要你怀着满腔热情投入经营，那么那些有智慧、有力气、有才识的人就会为你建言献策，为你挥汗如雨。大家都会成为你的助力。

如今科学技术日新月异，仅凭我个人的智慧和才学，即使听到别人讲各种先进的技术和管理方法，也很难分析和掌握。不过，那些在各自领域深耕钻研的员工却可以很好地解决这些问题，所以我一点也不担心。我唯一担心的就是自己对于公司经营的责任心是否强过所有人。

如果经营者没有责任心，人心就会涣散。即便人心不散，那些人才也会越来越不愿意为公司奉献自己的智慧和才能。这样就不好办了。如果发生这种事情，那么责任一定在经营者。因此，在这一点上我们一定要时常自省。公司有1万人，那么你是不是这1万人中对于公司经营最为热情的人。无论是在休闲、睡觉，还是做其他任何事，抛开形式不谈,都一定要在内心最深处流淌着满腔热血。

我认为,对于经营者来说,这是最为重要的事情。

顺时而动：衰退中的企业经营与日本政治

责任在于社长一人

松下电器下属可以分为许多独立经营的个体。对于这些经营个体的负责人，我是这样交代的，"公司经营的责任在于你一人。所以，如果你的公司经营不善，你就要一个人承担起这个责任。这个责任无法推卸给他人，是你一个人的"。

这一理念是我由多年经验总结出来的。

如果公司的领导缺乏责任感或存在其他方面的问题，那么即使有再多优秀的员工，公司的情况也会每况愈下。相反，如果有人愿意致力于复兴公司，那么即便是再问题百出的公司，境况也会很快得到改善。我的亲身经历告诉我，领导者的力量是至关重要的。

NHK 最近热播的一部电视剧叫《天与地》，讲述的是上杉谦信和武田信玄的故事。剧中多少有些杜撰的成分，但是大体剧情是对得上的。越后国的长尾为景是一个颇具威望的人。他在世时,越后国被治理得祥和太平。然而,在他去世后三天之内,越后国便跌落谷底。自长尾为景逝世的那一刻起,越后国就出现了大乱。由此我深切地感受到领导者一人的力量是多么重要。

我不禁更加坚信自己的这一想法是极为正确的。因此,我会经常告诫公司各部门的负责人说:"部门做得好与不好,责任都在于部长一人。"部门业绩不好时,部长经常会对我抱怨说:"哎,我已经尽力了,但奈何有些下属工作太不尽如人意。这些人不服从我的指挥,所以部门的业绩才迟迟提不上去。"或许这些都是事实,但我并不想听这些推脱的借口。于是我回答道:"错在你自身。或许身为部长你已经尽了最大努力,但尽管你尽了最大努力却仍然没有把部门的业绩提上去。或许这是因为部下有时犯错,有时搞错了方向,有时不听令行事,但这都不能成为借口。如果你自己一心想把工作做好,遇到部下不服从管理时,你可以申请把他调到其他部门。这是你分内的职责。

"每个部门都有自己的任务和使命，而负责执行的最高责任人就是部长。如果有部下拒绝履行职责或者与该部门工作不相匹配，就会导致任务无法完成。因此，作为最高责任人，部长必须替换掉这样的部下。这个时候，部长应该向社长或者公司领导人提出，将这样的部下调到其他部门，或许其他工作岗位对他们来说更适合。这样的员工留在原部门非常不合适，因此我认为，无论是出于公司和部门的利益，还是员工本人的利益，都应该把他换到其他部门。这些事情应该由部长主动提出来。但你为什么不这样做呢？难道不是因为使命感淡薄吗？这是因一时的同情心而将社会赋予的重要使命置之不顾。另外，如果你觉得自己无法胜任部长一职，也应当主动提出。你可以向上级说明，自己已经担任部长一年有余，但是无论如何都觉得自己能力不足。虽然想提升部门业绩，但是怎么都提不上去。因此自己觉得自己不适合担任部长这一职务，希望公司能将自己调至其他岗位。

"如果不这样做，部门的使命就无法完成。推而广之，公司的使命也就无法完成。如此想来，部门的业绩就取决于部长一人。为了部门的发展，你可以采取任何方式。如果有人不能胜任，你就可以将他换掉。"

如果这样讲给他们，渐渐地他们就会明白其中的道理。

这样工作起来就容易多了。该换人时换人，被换掉的人也高兴。很多时候，被调换的人被分配到另一个部门反而能大展拳脚，做出一番成绩。我相信，如果我们每天都抱着这样的态度工作，公司一定会越做越好。我们一直在果敢地践行这一理念。

评估自身适应性

我经常思考，尽管公司是我一手创办的，但是自己是否仍然适合担任社长呢？尽管我也在进步，但是社会要比我进步得更快，公司也是这样发展起来的。所以如果有一天我不再适合担任社长，我一定会果断辞职。我认为这样做对社会、对公司、对自己都有利，也是一件非常幸福的事情。

因此，无论是部长，还是子公司创始人，抑或是倒闭公司的重组人，都应按照我刚才讲过的方式安排人事，并且对要起用的人讲明白这一道理。

在我们公司，大家都能够充分理解我们的使命，并切实践行。此外，每位负责人都必须是对管理公司或部门最有热情的人。如果没有这份热情，那么他就没资格担任这一角色。我认为我们公司在一定程度上已经做到了这两点。

这种事不必我说，想必大家也都从方方面面感受到了,并且也执行得非常出色。所以我今天有些班门弄斧了。但我还是希望将自己的一些亲身体会讲给大家,以供参考。

无知反而效率高

希望大家不要误解我的意思,最近我的工作量显著增加,涉及的业务范围也更广了。同时,技术等方面的进步日新月异。在这种情况下,我仍然以社长的名义管理着公司。

如此看来,身为管理者,我必须掌握一定的知识。而且,没有什么比拥有丰富的知识更好了。但事实上,我并没有去学习这些知识。况且三天打鱼两天晒网的学习方式聊胜于无,因此最近我努力不去记住这些知识。这么说可能有些不合适,但事实上我现在的确在努力不去了解某个具体领域的具体知识。或许有人想问这样行得通吗。如果费心学习所有这些知识免不了过于耗费心力,那么不如尽量别让这些知识进入自己的大脑,而是让那些具备专业知识和经营意愿的人来做这些事。

这样一来,决策就会非常迅速。如果一一听取下属的建议，或者说听取每个负责人的建议，然后自己再去理解这些建议，最后再做决策的话，会耗费大量的时间。如果你面前排着很多人，你必须一一倾听他们的意见，了解他们的想法，然后再把你的决定告诉他们，这需要很长时间，是一种非常耗时的做法。而下属们在提出方案前，一定是做了大量的调研，才将自己认为满意的方案提交给上级的。而且，下属一定是历经磨炼才坐到如今的职位上的。由此看来，他们都是身经百战的士兵。如果我还要试图了解这些基于多年经验得出的最佳结论，那就是在浪费时间。

因此，我决定干脆不去试着理解他们的方案，在这种状态下进行决策。这种做法的效果还不错。不过，可能大约每十次中会有一次遇到些难以理解的情况，但也无伤大雅。如果我们每次都进行过多干预，即使我们的做法是安全的，也会造成时间上的浪费。

事实上，有些时候我们很难从理论和科学的角度对下属的提议进行判断。这时候，我们不妨凭借直觉进行判断，这正是经营的奥妙所在。

以神与国之名实施暴行

正如我刚才所说,无论是管理一个国家,还是管理一家粮食铺子,道理都是一样的,理论是一脉相承的。

换句话说,无论是多么小的买卖,都必须以管理者的世界观、人生观为根本。而管理规模越庞大,这一点就显得愈加重要。因此,在国家管理方面,如果我们对世界观、社会观、人生观没有清晰的把握,就不可能从真正意义上实现国家管理。

当今世界冲突不断。最近,爱尔兰发生了暴乱。原因有很多,但据说宗教冲突的确加剧了局势的恶化。我们通常认为,宗教是给人带来心灵平静和幸福的,不应该存在冲突。在和平的前提下为人们带来幸福才是宗教存在的意义。

普遍看来,宗教之间发生冲突这种事情是难以想象的。但事实上,当今世界有许多事情都是我们难以想象的。比如国与国交战，战士们为了自己的国家和人民冲锋杀敌。如果杀敌之后凯旋，他们的行为就会被视作光荣而伟大的壮举。他们认为这种行为并不是出于一己私欲，而是为了自己的国家。于是在这种观念的影响下，国家变得日益强大。但事实上，这种观念是令人极为毛骨悚然的。

孤身一人时，无论你是多么残暴的人都会有一丝良心尚存，从而不会实施暴行，当然那种极度残暴的人除外。无论是贼人还是海盗，都会顾念自己的一丝良心而不行残忍之事。

但如果不是为自己，而是以国家或神的名义施暴，那么暴行就不再被认为是暴行，反而成了荣誉的象征。我认为这种思维方式就是问题所在。

不忘人类之伟大

当今世界，人类凭借自身的聪明才智完成了一项又一项壮举。诸如阿波罗 11 号登月成功，这样的成就令人备受鼓舞。由此我不禁感到，人类是能够开辟许多伟大事业的。

在文明如此发达的地球上，战争却无处不在，处处腥风血雨。即便不是肉体或物质上的斗争，我们也常常会被卷入思想上的冲突，心灵间的隔阂。如今，"战斗""敌人"等字眼频繁地出现在各种图书、杂志和报纸上。

今天的世界令人如此心生不安，令人不得不思考，这真的是人类生活的真实形态吗？过去战争连连也只是过去的情况。如今，文明逐步发展进步，人类已经可以在月球表面行走了，那么地球上的人类也理应可以实现和平，进入高度文明的生活状态。

事实却截然相反,如今人与人之间的斗争愈演愈烈。我认为之所以会出现这种情况,是因为我们忽视了人类的伟大。宗教是为人类的幸福而存在的,学术也是如此。无论在什么时代,都应以人为本。宗教的存在就是为了促进人类的幸福。

因此,无论在什么情况下,都必须以人为主体,人类必须端坐主位。但是我认为,之所以我刚才提到的那种错误会不断重演,就是因为在那些地方,人变成了奴仆,不再身居主位了。这种情况是非常严重的。

毋庸置疑,在公司管理中,我们必须重视世界观和人生观。经营的产物必须让人们感到幸福,任何有悖于人类幸福的事情都是绝不可取的。同时,也绝不能让人沦为经营的奴仆。经营是为了人而存在的,我们必须始终坚定不移地秉持这一观点。

最初,宗教的传播也是为了人类。当初释迦牟尼是看到了人类的种种不幸,为了帮助人类获得幸福,才开始其布道生涯的。我认为他一定是以人为本,思考人类的道路应当如何走,在这一过程中逐渐形成了这一宗教门派。

宗教也应以人为本。人绝不能沦为宗教的奴仆。有些人陷入了一种错觉，认为人是宗教的奴仆。虽然并不是所有人都有这种错觉，但我认为这种想法难免会成为巨大不幸的根源。

如今，新思想不断涌现。我相信，这些新思想也将推动人类对于更加美好的生活的探求。现在已经到了需要我们认真思考的时候了。我们必须在世界观和人生观上明确一点，那就是绝不能把人当作奴仆。

量力而行的经营

此外,虽然今日在场的诸位可能与我的立场或多或少会有些不同,但我认为其中也有一些共通之处。我一直在思考一个问题,就是为什么即便公司逐渐发展,但身为管理者的我却没有改变。另外,虽然管理人员的数量增加了,但在很多情况下,他们也没有改变。随着年龄的增长和经验的积累,管理人员的技能和能力都有所提高,但是提高的程度却难以量化。我认为问题就出在这里。

目前我深切地感受到,随着公司规模越来越大,我们的代理商也越来越多。假设有 300 家代理店,那么这 300 家代理店之间多少都会存在一些差异,但他们无一例外都在扩大规模。随着店铺规模逐渐扩大,许多店铺在发展过程中取得了良好的业绩。起初他们做得很好,规模也越来越大,这让他们很高兴。于是,为了做得更大,他们把员工人数从100人增加到了200人。后来渐渐地，有些店铺的生意开始走下坡路。如果你仔细调查一下就会发现，是因为这些店铺的经营者和领导人始终没有进步。

员工从100人增加到200人，但管理者在管理技能方面却没有任何进步。当有100名员工时，尚能够让这100人充分发挥自身能力。等员工增加到200人的时候，管理者由于能力不足，已经无法做到人尽其用。这就是为什么会出现那么多业绩下滑、走投无路的公司。我所讲的不是理论上的问题。即使理论上知道该怎么做，如果领导者的能力上不去，那一切也无济于事。这是我的看法。

比如在相扑运动中，选手的实力一眼就能分辨。即便是横纲，如果每次比赛都输，他也很快就会意识到自己并不具备横纲的实力。然而经营者的实力就不那么好分辨了。

可能经营者认为自己领导100名员工做得好，所以200名员工也不在话下。这种想法不无道理，但事实却并非如此。实际上他并没有领导200名员工的实力,这也就意味着他的失败。

我见过很多这样的事情,所以自己也不得不对此加以思考。随着松下电器日益壮大,未来还有无穷无尽的工作在等着我们。只要我们去做,工作就没有止境。因此,我们总想去尝试新的东西。同时,我们也会收到来自下属的源源不断的建议。在这种情况下,我就会想起刚才说过的话,在考虑是否要增设新产品、新业务线之前,先衡量自己是否具备了相应的实力。

也就是说,我会不断审视公司的综合实力、管理人员的综合实力,以及我自身的实力。如果我没有能力评估公司的综合实力、管理人员的综合实力和我自身的实力,我就永远不会去冒险尝试。因为如果这样做了,很可能会遭遇失败。一旦失败,就会让大家都陷入困境,还会影响代理店的发展,所以这种时候绝不能贸然行事。如果发觉我们自身确实有这样的能力,那么在确保我们在增加工作量后也能够将工作做好的前提下,我们才会开辟新的业务。

直至今日，我仍然认为这一点尤为重要。人们往往认为，因为这项工作有利可图，而且有人推荐，所以他们也应该去做。这种情况在我们身上也发生过很多次。然而，只考虑这些是不行的。归根结底，还要看新工作是否超出了自己的能力范围。

我自己经常思考这个问题，也让我的下属多思考这个问题。不管一项工作有多好，对社会能够产生多大益处，如果自身没有足够的实力，有时贸然行动往往会适得其反。所以我也经常告诫下属们，要绝对避免这种情况的发生。

这就是我们一直以来的做法，并且至今并未出现任何重大失误。今后，我们也将继续尝试这种做法。

第五章　经营当以人为本

经营需要不断创新

在经营方面，还有一点非常重要，那就是公司经营应当不断推陈出新。换句话说，我们必须始终怀抱理想。

流水不腐，户枢不蠹。这是古人传承下来的智慧。水必须不断流动，经营也是如此，需要时时注入新的源泉。政治上常说人心一新，意思就是水要流动起来。

公司经营也必须时刻保持发展，时常提出新的经营理念。我认为只有这样，经营才能永立时代潮头，实现与时俱进。否则，公司便会逐渐衰落，停滞不前。

如今东京大学出现了问题。[①]其背后原因有很

[①] 1968 年至 1969 年间，日本各地的大学多次爆发学生冲突。东京大学学生为抵制实习制度、要求改革大学制度，进行了一系列抗议活动。具体包括罢课、集体示威和校园封锁等。

多，但我认为最重要的原因还是东京大学的经营之水没有流动起来，导致水变质了。学术需要不断吸收新鲜事物才能发展，但东大的管理却如同一潭死水，毫无活水流动。在我看来，经营需要不断发展。我们必须思考校长应该如何做，教授会①应该如何做，每个教授应该如何做。即使是退休制度，也必须随着时代发展不断进行自我革新。此外，基于外部要求，东大在管理方面也必须持续提出一些新的想法。

如果知识学问没有取得进展，很容易就会暴露出来。因为大学里传授的内容很快就会传到外界，这样一来，如果有所落后马上就会尽人皆知。我认为问题就在于学校的管理组织和教育方式没有丝毫进步，这才导致了问题的发生。

所有的国立大学都是如此，而私立大学则会考虑自身的管理问题。它们在管理方面做了大量工

---

① 日本大学内部设立的机构，负责审议学科课程的开设、学生考试事项、学位授予资格审查等事项。

作，所以很少出现问题。政府不干预国立大学的管理。虽然他们有心干预却迟迟没有动作。社会就更无法干预了。因此，大学管理几乎就是一座孤城。我认为这种孤城中十年如一日的经营方式是存在问题的。

我在最近的一次演讲中提到，古时候有句话叫作"十年如一日"。我常听前辈们说，必须十年如一日地努力工作，我也把这句话作为自己前进道路上的精神养分。这种十年如一日的奋斗精神在今天依然适用。但实际上，如果我们真的十年里一成不变地工作的话可就出大事了。

十年之间，世界上的一切事物都会发生巨大的变化。因此，绝不能十年如一日，也就是说不要十年如一日地重复相同的工作。我认为今天的工会运动就存在这样的倾向。如果工会领导人在十年之间都以一成不变的思想领导工会，那么工会必然会落后于时代。所以，我们不能重复地做十年前的事情，必须向其中注入崭新的"思维方式"。

实际上，日本工会却在十年如一日地重复做着相同的事情。我曾向工会干部提出,工会打着革新的旗号,却从来不做真正的革新。他们普遍赞同我的说法。事实上,他们非常清楚这一点。但即使他们内心如此认为,要进行真正的革新,开辟出一条真正正确的道路,又谈何容易。

经营者绝对不能这样。如果经营者十年如一日地故步自封,始终沿用老一套经营策略的话,公司一定会落后于时代。

第五章　经营当以人为本

前景光明

最近我去欧洲待了一周，当地的发展令我吃了一惊。那边的工业发展速度很慢。如果以车速作比的话，欧洲的车速是每小时30公里，而日本的车速是每小时100公里。这种每小时100公里的行驶速度偶尔可能会导致事故或者失误，但日本的确在不断前进。因此，如果日本政治制度可以得到加强，道德水平可以实现提升的话，那么我深信，二十一世纪日本将大有前途。

日本如今的发展态势非常令人震惊。20世纪40年代的日本还像一个孩子，尽管具备良好的品质，却无法超越儿童的范畴，第二次世界大战就是在那个时候爆发的。现在日本已经长大成人，国力也不同于以往了。因此，即使拥有充足的国防力量，也绝对不会将其用于战争，反而可能利用雄厚的国力来援助发展中国家。这是我们非常希望看到的。我觉得如今的日本是一个出色的国家。

某次会议上，一位去过英国的人士在会上做报告。他在报告中表示，自己所见到的英国现状着实令人担忧。往昔英国的风光，如今无处可寻。他不禁思考，如此下去英国的未来将何去何从。以目前的状况来看，恐怕英国的情况很快会进一步恶化。虽然这么说有些失礼，但我却不得不说，眼下英国逐渐陷入了令人担忧的境地。

考虑到这一点，不知是幸运还是不幸，日本战败反而导致了一批人的觉醒和反思，他们创造了一个崭新的日本。我认为，不论各位是否意识到了这一点，日本都在逐渐朝着这个方向前进。在我看来，潜在的传统日本精神正在深深影响着我们。

第五章 经营当以人为本

身为日本人的自豪

日本拥有着得天独厚的国土。在数千年的历史长河中，日本国民的品性在这片土地上得到了滋养。这可以说是一种宿命，是一种不可改变的强大力量。我们应该意识到自己拥有着如此美好的命运，就像我们意识到自己不是猫狗，而是货真价实的人类一样。但是我们在多大程度上意识到了自己是日本人呢？我相信大家对此都有一定程度的认识，但是对于日本传统的优秀品质，大家是否能够准确把握却令人存疑。

我认为这一点其实非常重要。大家如何看待自己五六十年来的人生经历？在这段经历中，或许有时一帆风顺，有时荆棘密布。我认为几乎没有人只在犯错时才回首过去，从而决定未来的生活。在五六十年的时光里，我们有过失败，有过快乐，有过悲伤，也有过成功。我认为大家都会审视这种种经历，然后再决定未来的生活应该如何度过。

同样，身为日本人我们也不能忽视日本两千年的历史。我们必须继承优良传统，建设崭新的国家和社会，并以此逐步走向世界，进而以谦逊的态度为更多的国家做出贡献。对于日本人的这种素质我感到非常欣慰。

我在欧洲旅行期间感受到，日本或许终有一天会向欧洲输出某种东西。可能是思维，可能是物质，也可能是其他方面的东西。我认为这在不久的将来必然会发生。我深切地感受到，这就是日本人所承担的命运。离开欧洲时，我满怀着对日本未来的期望。我认为，我们的未来非常光明，我们可以做成很多我们想做的事情。

我发自内心地认为，我们都应为自己是日本人而感到自豪，并以这股力量来建设日本，为世界做出贡献。相信诸位在平时都能够带着这种想法努力投入工作。希望我们今后能够进一步对这一问题加以思考,并加倍努力地开展各自的工作。

今天讲的内容有些零散,希望诸位见谅。我的发言到此结束。谢谢大家。

问答环节

1. 辞去职务之时

提问者：您刚才讲到,公司发展壮大后,作为企业经营者的您却并没有改变。实际上,作为经营者,您日常负责处理各种事务,但就您作为经营者并未改变这一问题,我想更深入地了解一下您的看法。

松下：我可能没有完全理解您的问题,但我认为虽然作为经营者的我没有改变,但公司在随着时间的推移而变化发展,世界也在不断变化。因此,我刚才提到,如果我在这一过程中一成不变,那么我将随时辞去公司职务。否则,我就会成为阻碍公司发展的绊脚石,这是我绝不希望看到的。因此,我时刻准备着在合适的时机辞去职务。

提问者：那么您觉得该由谁来判断这一时机呢?

松下：我认为基本要靠我自行判断。有时候我也会问下属"怎么样?你觉得我干得还行吗?"之类的。但是由于我经常给下属一种威严的感觉，所以他们对我的问题也不好作答，他们一般都会回答"您做得很好啊"。

我通常不会对下属太严厉，反而很愿意倾听他们的意见。我觉得在公司良好氛围的熏陶下，大家还是乐于提出意见的，所以我也经常询问下属"我干得还可以吗？还行的话我就继续干下去了"。

我们公司光内部员工就有大约 5 万人，外部还有许多以我们的业务为主业的人。因此，我们的一举一动都关系着无数人的命运。考虑到这一点，我们必须认真思考这些事情。

2. 解决人口过疏问题

提问者：经常听说会长您为了社会的发展，即使在一定程度上损害公司的利益也在所不惜。例如，为应对人口过疏问题，您在一些条件相当恶劣的地区设立了公司。在我看来，您是因为怀抱着为社会做贡献的伟大目标才如此做的。我来自德岛县一个相当偏远的乡村，请问您是否有计划在德岛县设立公司呢?

松下：实际上我最近刚去过四国的高知县，久违地参加了高知产业界的经济洽谈会。会后闲聊时我听高知县的企业家们谈到，高知县的人口正在减少，每年大约减少5000人。

大阪每年人口都会增加十几万人。人口增长使得出行变得愈加困难，令人深受其扰。与此相反，高知县则在遭受人口减少问题的困扰。在大阪的我们可能不会有这样的感受，但在人口逐渐减少的地区工作的企业家们却难免感到有些寂寥。

于是，回到大阪后我提出，"通过这件事我想到一个问题。一些地方人口过密，一些地方人口过疏。这些对整个日本来说都不是好事。因此，今后松下电器或许可以在那些人口过疏的地区开设工厂。虽然仅靠松下电器的力量无法解决根本问题，但如果有更多人理解这种想法并且愿意效仿我们的话，或许就可以缓解眼下的困境了"。我的提议后来不仅被传开了，还被登上了报纸。而后立刻就有面临人口减少问题的县市向我们提出了申请。

过去我们也曾将工厂设立在地方县市，但都是出于经济方面的考虑。因为在这些县市经营具有各方面的利益和优势，所以我们才在当地设立工厂。而这一次，我们决定将经济效益放在次要位置，即使会给公司造成一定程度的损失，我们也决定将工厂设立在人口正在逐渐减少的那些县市。此举也收到了那些人口过度饱和县市的欢迎。现在我们在九州地区的很多县市都开设了工厂，四国地区目前也只有高知县还未设立工厂。虽然高知县最早提出了申请，但是这一项目目前尚未进入实施阶段。

说来也怪。在我们表示即便亏损也要在那些地区设立工厂以后，各个县市都对此非常感动，纷纷为这一项目提供各种支持。起初我们对此并未多想，但最后结果却大获成功。当地人对我们的这一举措喜闻乐见。我们也预备在德岛县设立工厂，如今的德岛县已经发展壮大起来了。

3. 关于PHP事业

这本杂志名叫 *PHP*，今天我也带来了一些。今天我想借此机会将这本杂志送给在座的各位，还望诸位阅后多多指正。这本杂志的月发行量在120万册。第二次世界大战后，日本社会动荡不安，百姓生活困苦。当时我就在想，为什么我们要彼此斗争？为什么要抢夺父母兄弟的食物，让人间变成炼狱一般的修罗场呢？为什么繁荣、和平、幸福对我们来说如此遥不可及呢？出于这些思考，我创办了这本杂志，并把它作为我们的机构刊物。

五年前，我们开始将此杂志向一般大众推广，而不仅仅是内部员工。随着读者数量迅速增加，*PHP*本月的发行量已经超过100万，达到了120万册。虽然仅售50日元，却有很多人愿意购买并享受阅读这本杂志的喜悦。如果您家中有孩子的话，请务必也让他们试着读一读。

最初，我在梅田车站前发放传单，希望大家能够参与到PHP事业中来，却没有一个人理睬我。那时，人们对于繁荣、和平、幸福这样的词都表示反感。有人会说"什么繁荣、和平、幸福，别痴人说梦了"。因此，做什么事都讲究一个时机。最近，大家都开始谈论繁荣与和平了。

4. 大胆用人

提问者： 您雇用了很多员工，但我想员工们的工作也并不总是成功的，应该也会有失败的时候。请问您通常会容忍员工失败多少次呢？

松下： 您这个问题回答起来可不容易啊。我有时可以允许他们失败但是有时就不允许，有时还可以允许他们多次失败。

我并非宿命论者，但我认为每个人都有自己的命运，国家也是如此。从这个角度来看，我认为对于个人来说，好的命运是非常重要的。直白点说，即使是备受尊敬的将军也可能被流弹击中而亡，这就是命途多舛。这些是人无法左右的。

因此，在用人方面，我认为命运远比贤能更为重要。虽然我也不能一一看过每个人的面相，但我认为大体如此。

这么多年来我也经历了很多，积累了一些经验，所以我也在一定程度上相信自己身上有一种命运存在。所以我在用人方面有时也会听从命运的安排。这些其实就有些超自然的成分在了。

有时我们认为某人非常优秀，录取后却发现其为人行事令人大跌眼镜；有时我们强行命令某人做某项工作，尽管员工本人十分抵触，工作的结果却非常令人满意。说实话，有些事情很难说清楚。事实上，我们了解一个人的60%就足够了。换言之就是大体上觉得这个人没问题，直接交给他做就行。我在用人方面十分大胆。

有这样一件事情，大概发生在我刚开始创业四五年的时候。当时，我雇用了50名员工，事业进展很顺利，我也工作得非常愉快。当时，有一名员工做错了事情，令我很烦恼，甚至连续两天都无法入睡。到底该如何处理这件事呢？要辞退他吗？但他其实是个很能干的人。于是我整整苦恼了两天。我开始思考日本有多少罪犯。假设有10万人被判有罪，除此之外还有很多人会犯下过错，但程度不足以判刑，这类人的数量可能是那些已定罪罪犯人数的10倍。这样算下来，做错事的人就超过了100

万。这就是如今日本社会的真实面貌。考虑到日本的人口数量，算下来大概每 50 人就有 1 个坏人。当时天皇还掌握着国家权力。天皇会怎么看待这种情况呢？我想他一定不会将罪犯驱逐出境，而是让他们留在日本国内。如此想来，我也没有必要比天皇更操心了。每 50 人中有 1 个坏人，每 100 人中有 2 个坏人，那么每 1 万人中就会有 200 个坏人。这样想来，我一下子就不烦恼了，于是我开始非常大胆地用人。实际上，100 个人中也没有一个人会做什么坏事。由此我顿悟了。基于这次的经历，我在用人方面变得十分大胆。幸运的是，在这种做法下一切都进展得很顺利。在我看来，我们首先要找到某种动机，然后自行思考和领悟。不知道我所讲的内容对您是否有启发？

都道府县农协中央会联合会
全职干部研讨会
1969 年 8 月 19 日
于花月园酒店（神奈川）

第六章

以顾客之喜悦为自身之喜悦

·酒店业务是一项极具挑战性且意义非凡的工作，酒店的工作人员在工作中应当以顾客之喜悦为自身之喜悦。

·服务生的工作也是一种经营。如果我们能够一边工作，一边思考如何做好这种经营，那么我们的顾客一定会心怀感激。

·酒店工作人员可以在待人接物的过程中实现自我提升。酒店是员工实现自我完善的最佳场所。

第六章　以顾客之喜悦为自身之喜悦

今天非常荣幸受贵社社长邀请来到这里发表演讲。下面我想占用诸位一点时间来谈谈我的一些想法。

被铃木先生的热情打动

正如铃木先生刚才提到的,我与铃木先生是多年的老相识了。铃木先生原本在银行工作,那时他就与我们公司有着非常密切的往来。

因此,无论从个人还是从公司的角度来看,铃木先生都给予了我们莫大的帮助。从这个角度来讲,铃木先生在很多方面都十分关照我,所以我与他算是故交了。铃木先生在辞去银行职务以后,为国家、为社会做了许多文化方面的工作。对此,我也一直在默默关注并支持着。

起初,铃木先生在大阪的朝日广播公司工作,这项工作需要与社会进行很多接触。在我的印象中,他在从事这项工作时遇到了诸多困难,但最终还是做得非常出色,取得了优异的成绩。如今,他又投身于酒店行业。

铃木先生曾在银行担任行长,后来还从事过我刚才提到的文化推广工作。现如今他致力于高级酒店管理工作。铃木先生的酒店主要接待外宾,这项工作有利于促进国际友好关系。作为他的朋友,我认为这是一项非常好、非常有意义的工作,同时觉得这项工作也会非常辛苦。在我看来,经营这样一家酒店会遇到不同于以往的艰难险阻。

但是他并不畏惧这些困难。对此,我发自心底地敬佩铃木先生,也希望他能够一帆风顺地走下去。

我一早就听说,铃木先生非常关注员工的教育问题。在他看来,做好员工教育是第一要务,无论如何都要贯彻到底。我认为铃木先生的做法非常正确。员工教育的确是重中之重。他告诉我说,他正在将我们发行的 *PHP* 杂志分发给年轻员工,让他们学习。

我们的初衷是希望能为社会做出一点贡献。事实上,我们对于这本杂志充满热情,希望能收获更多的读者,并鼓励他们参与 PHP 活动。同时,我们也期待将更多人的意见汇总到杂志中。所以,听到大家都在看这本杂志,我感到由衷的喜悦。

我们的感激之情无以言表,虽然我们尚不知道这本杂志能否对大家有所帮助。但无论如何,如果能对大家在某种程度上有一些参考价值的话,那将是我们的荣幸。

铃木先生告诉我,对于酒店的开业,大家都充满热情,斗志昂扬,预备以饱满的热情投入这项工作,所以我很放心。但是为了尽善尽美,铃木先生还是希望我能来与大家稍微聊一聊。

不知道我的讲话对于诸位是否有参考价值,但是我知道,铃木先生对于经营这家新酒店充满热情。大家在这一过程中,不仅要做好酒店的管理工作,还要将其作为与海外人士建立友好关系的中心,掀起一股日外友好的热潮,同时也要服务好日本国内的顾客,让大家收获喜悦并让这种喜悦孕育出更多的聪明才智。为了回应这份热情,我将尽我所能为这项事业提供帮助。

虽然我无法在具体工作上为大家提供帮助,但如果今天的讲话能对诸位有所启发,那么我也算尽了绵薄之力。

酒店经营不易

我从事的是家电行业,我们的家电曾经使用 National 这一品牌,并得到了顾客的肯定和认可。这种生意或者说生产我从事了 50 多年,积累了相当丰富的经验。通过这些经历,我在其他行业的经营方面也收获了一定的心得。但是,我认为每个行业的经营都不容易。

恕我直言,无论是哪个行业的经营,都没有容易的。就程度而言,我认为基本上可以将经营分为相当困难和相对容易两种。从这个角度来看,基于我个人的经营常识分析,我认为酒店经营是相当困难的。

酒店外观看起来非常壮观,这间大厅也修建得宽敞华丽,这里的一切都令人心生愉悦。但是,从酒店经营方面考虑,要想利用这些来满足众多来宾的需求,的确存在难以言喻的困难。因此,如果有人建议我去经营酒店，或者假设我自己有这样的念头，那么我脑海里首先涌现的想法就是：酒店经营太难了，我绝对做不来。

我曾去过各种各样的酒店，偶尔也会留宿。我能感受到，酒店的经营者和员工们的工作都非常复杂，需要耗费大量的心力。因此，我对他们一直都报以理解和敬意。

对于如此有挑战性的工作，我本人是很难做好的。但是诸位却能够带着满腔热情投入其中，对此，我要向诸位表示由衷的敬意。同时，我也决心要成为一名优秀的客人。

如今我的挚友铃木先生正在勇敢直面这一行业的挑战。因此，我在某种程度上会感到担心，希望他能保重身体。但是铃木先生已经充分了解了这些情况，并仍旧敢于向着酒店行业发起挑战。他已经下定决心要完成酒店经营的使命，进而让更多人从中获益。我也相信他对这项工作充满信心。

优质服务源于使命感

我认为要经营好酒店，首先靠的就是在酒店辛勤工作的各位。你们的工作非常令人放心。

在多年的工作历程中，我始终抱有某种程度的恐惧和担心。时至今日，我仍旧感到如此。但与此同时，我也感到安心。因此，我一边怀着恐惧，一边又感到安心，这样两种心态交织在一起的感觉构成了我的日常状态。

我认为铃木先生也是如此。他一方面会感到担心，但另一方面也会感到安心，而这种安心的基础就是大家。大家团结一致，倾尽全力来经营好这家酒店，这就是最可靠的力量。正因如此，铃木先生才会如此积极地推动酒店的发展。

对此我也深有体会。尽管我们从事的行业不同，但我们作为经营者的想法是一致的。如果没有诸位的支持，这家酒店是不可能经营下去的。酒店不同于一般产业，这是一项以人为本的工作。酒店设施固然很重要，但与产品的制造与销售不同，酒店服务是以服务为基础的待人接物的工作。所以我认为要做好酒店经营并不容易。

不管怎么说，要实现经营者与员工通力合作并不容易。社长和员工很难全部做到各司其职。但如果做不到这一点，就无法做出好成绩，更无法让众多顾客尽兴而归。

那么大家要如何做呢？如果做得恰当，那么今后酒店将会受到来自世界各地的关注和感谢，外宾会更愿意选择我们的酒店。

我知道今天与会的大多数人可能都是酒店的新员工，至少现在大家还不算所谓的资深员工。所以实际上，大家仍需要每日认真钻研，努力提升自身的服务水平。

大家在加入酒店成为这里的一分子之前是否已经下定了决心呢？我想大家可能已经对自己未来的道路做好了某种决定吧。或许有些人在加入之前并没有非常明确的目标。但即便如此，现在也应该对于自己的使命有清楚的认识，并带着喜悦投入工作。我相信诸位都是这样做的。

唯有如此，大家才能以社长为中心团结一致，提供优质的服务，让顾客愿意再次光顾。这样一来，就能够建立起酒店与顾客之间的良好纽带。由此，我们也可以对社会情况或者说是人们的生活进行更加深入的了解和掌握。这样的巨大力量又会反过来促进我们自身的成长。

在工作中打磨自己

我认为，在工厂工作，每天跟机器打交道是非常有意义的工作。同样地，像大家这样每天跟人打交道，这种工作也是非常有意义的，而且是一种非常宝贵的学习机会。

客人们来到酒店时通常穿着都会比较得体。但我认为，大多数人并不只是以客人的身份来到这里的，而是带着愉快的心情来放松自己的，虽然也不排除一部分人是来处理要紧工作的。但即使是这样的客人，到了酒店也会如同回到家里一样放松自在。

因此，我认为每个人的真实内心状态会充分地反映给大家。如此大家就会明白，即便是那些外表威严的人，来到酒店也会展现出不为人知的一面。这些人的心理活动、生活状态、行为方式等都会给大家带来很大启发。这些对我们的个人成长和人格

第六章　以顾客之喜悦为自身之喜悦

塑造都有很大的帮助。

大家可以在工作过程中学习、领悟这些。除了完成工作以外，我们还必须学习吸收这些优点，以此实现自我提升。

的确，要做到这一点本身十分困难。稍有不慎就会让顾客心生不悦。有些人可能会提出一些麻烦的要求，或者说一些令人不快的话，给服务人员带来极大困扰。然而，如果仔细想想，我们也可以将此类情况视作一种非常宝贵的学习机会。

由此看来，酒店工作的确颇具挑战性，我是做不来的。而且酒店经营要想赚钱也并不容易。收入是固定的，比如每间房5000日元的话，无论提供多么优质的服务，顾客都不会付你6000日元。所以这并不是什么一本万利的买卖。此外，即使没有客人，也必须确保房间干净整洁，以保证客人随时都能满意地入住。考虑到这一点，我们必须从自己所提供的服务中收获喜悦。如果不能出于这种心态投入工作，是绝对做不来这一行的。

铃木先生与我年龄相仿，大概今年也是七十二三的岁数吧。但是，他的心态却比我年轻十岁，他敢于同年轻的员工们携手合作，怀着满腔热情向这项困难重重的工作发起挑战。

因此，考虑到这项工作的困难程度，我衷心希望铃木先生能够多保重身体，远离疾病。同时也期待各位年轻的员工能够认同这位优秀社长的工作，并与他共同努力。

第六章　以顾客之喜悦为自身之喜悦

享受带给别人喜悦的过程

如果根本没有下定决心要经营酒店就来找我寻求建议的话，我可能会建议对方谨慎行事，因为这种事情一旦开始就不允许半途而废。当我听说这件事的时候，对方已经决定要大干一番，所以我再说这些已经不合适了，反而会使大家动摇。这种时候应该说这件事不错，但是难度较大，所以一定要好好干。今天我站在这里，看着年轻员工们的面庞，感受到了大家的青春的激昂与满腔的热血，所以我觉得自己没有什么可担心的。

虽说不用担心，但我始终认为这并非易事。我说这些话，就是希望大家能够意识到这份工作的重要性与其中所蕴含的非凡意义。你的工作能够为许多人带去喜悦，因此不要简单地把你的服务视为换取金钱的行为，要意识到你的一举手一投足会给多少人带去喜悦。如果大家能够在工作中体会到这份快乐，并将其转化为自己的幸福，那么我相信你一定会收获巨大的成功。

比如，有外宾在酒店住了3晚。即便只有3晚，我们也要让他们对这次入住印象深刻。他们回到自己的国家之后，就会告诉身边的人："我刚从日本旅游回来。我在大阪住了广场酒店，感觉非常好，那里的服务令人非常满意。下次你们如果去日本的话，一定要住在那家酒店。"

如果我们怀着愉悦的心情提供服务，那么接受服务的人自然也会感受到这份喜悦。如此一来，他们又会告诉自己的朋友："如果你去那边的话，一定要选择那家酒店。"这样的反馈非常振奋人心，但更令人高兴的是他们对我们的服务感到如此满意。得到顾客的认可也会令我们感到非常满足。

第六章 以顾客之喜悦为自身之喜悦

胸怀大志的酒店服务生

我想稍微岔开话题,讲一件很久以前发生的令我印象深刻的事。我在东京有一个朋友,他是一位相当出色的实业家。他有一个儿子,作为父亲,他自然希望儿子高中毕业之后继续攻读大学。

但是儿子在读高中一年级时,不知为什么,突然告诉父亲说自己不想读高中了。父亲便询问他缘由。儿子回答说:"我想了一下,我以后想去经营酒店。我读了一些相关图书,书上说想要进入这个行业,一定要趁年轻的时候。我也问过其他人的看法,他们也是这样认为的。所以我决定从现在起不再读高中了,我想去酒店做一名见习厨师。"

父亲听后非常吃惊,劝他说:"即便想开酒店,至少也要先完成高中学业,等大学毕业之后再考虑也不迟。"这位父亲从小就经历了许多磨炼,最终

· 305 ·

才取得成功，所以在这方面要比儿子了解得更加透彻。于是这位父亲坚持让儿子读完高中，可是儿子就是不读。

这个故事令我非常感动。少年如此年轻，却想在将来经营一家酒店。因为现在无法立刻实现，所以想在酒店从服务生或者见习厨师做起，逐渐学习。我对这种态度十分钦佩，便决定要见见他。我去了位于东京的大仓酒店，在那里见到了做实习生的他。

见面后我对他说："你很厉害啊，做得不错。"对此，他向我缓缓解释道："父亲曾对我说至少读完高中。我想着上高中也不赖，但是花费三年时间在高中学到的东西，我在酒店里一样可以学到。而且比起在高中靠教科书学习三年，我觉得还是亲身感受这种自然的氛围更为重要。既然我已经下定决心以后要从事与酒店相关的工作，那么我觉得立即投身其中会更好。"

我被他的回答深深吸引了。我问了他很多问题，但他的态度始终非常坚定。只是他的学校成绩并不是很好，差不多是中等水平。但这也无妨，反而或许正是这样的情况才使他更坚定了决心。如果他名列前茅，也许就会一直留在学校了。尽管他的成绩只是中等水平，但他的精神绝对可嘉。

在大仓酒店见习了一段时间之后，他选择赴美深造。现在应该已经过去了10年，如今的他应该已经二十五六岁了。听说他最近和一个美国人结了婚，事业也步步高升，成了一名能够独当一面的大厨。上次他回到日本时，我又见到了他。彼时的他信心满满，对酒店管理和餐厅管理等方面也有了非常深刻的见解。

我询问他语言方面是否已过关，他回答说自己很幸运，早早去了美国，通过在当地的实践学习，现在已经能够非常流利地说英语，可以说没有什么语言障碍了。他表示自己还想在美国继续工作一段时间。

尽管父亲强烈要求他读完高中和大学，但他却没有一味听从父亲的话，而是宁愿从洗盘子做起，决心不可谓不坚定。我觉得只要具备这种决心，不管从事什么工作，都是非常值得尊重的。敢于从零开始，甚至是从最底层的工作开始的这种志气最为难能可贵。

服务生的工作也是一种经营

当时有一件事情令我印象尤其深刻。那个孩子对我说:"叔叔,我知道服务生的工作其实非常难。"于是我便问他为什么,他回答说:"顾客落座后我们就要将菜单拿给客人请他们点餐,其实这个时候双方都很为难。顾客不知道点些什么好,会在这个环节浪费很长时间。这就是困难之处,您明白吗?身为服务生,我们不能让顾客太过犹豫。"大家对此怎么想呢?想必今天在座的各位之中也有这方面的专家吧。

接着他又说:"所以这个时候,我们必须适时提供建议,从而促使顾客做出决定。如果催得太紧,可能会显得过于心急,惹顾客不高兴。但是如果放任不管,时间又会白白浪费掉。因此服务生要在这方面多加引导,在避免让顾客觉得我们好为人师的情况下巧妙引导顾客完成点餐。这对于服务生来说是一项非常重要且关键的工作。如果做不好这一点，就无法成为能够独当一面的服务生。"于是我便问他自己能不能做到这一点，他说自己一开始也没有意识到这一点，但随着时间的推移加之他人的指导，他渐渐地懂得了这些。

他主动告诉我说："服务生并不是随随便便地做一些无关痛痒的工作。一定要用心去提供服务，否则永远不可能成为一名合格的服务生。"

我觉得这个男孩非常了不起。他不仅已经完全理解并掌握了自己的工作，并且还能够向我讲述，这让我非常钦佩。于是我对他说："如果你的理解已经到了这种地步的话，那么成功就不远了。相信你用不了多久就能够经营自己的酒店了。到那时，我会第一个去你的酒店住宿。"

虽然我并不知道他具体何时会经营自己的酒店，但当那天到来的时候，我愿意成为他的第一位客人。他还没有实际经营酒店，却能够很好地抓住顾客的心理。如此想来，仅仅是与客人打交道或者为客人提供服务这件事就大有门道，值得我们细细

第六章　以顾客之喜悦为自身之喜悦

钻研。这些才是一家酒店成功的关键，也是让客人满意的关键。

从这件事中我意识到，酒店服务生的工作原来如此有难度。这又何尝不是一种经营呢？在我看来，服务生的工作也是一种经营。如果你仅仅把它看作一份维持生计的工作的话，就失去了意义。

服务生的工作是一种自我经营，迎宾的工作也是一种自我经营。每个人都应思考如何做好自己的经营工作。如果大家做到了这一点，那么酒店的客人们就能尽兴而归。他们会对自己的妻子说："我前几天住的那家酒店非常好。"对此妻子也会很开心。这样一来，等于我们为他们一家人都带去了喜悦。

我们要带着兴趣工作。同时，我们也可以多询问顾客的想法，这样服务人员与顾客双方都能够感受到充分的喜悦之情。

我认为，无论是购物还是接受服务，顾客都应该是正直的。有些顾客很难打交道，甚至一举一动根本不像体面的顾客，但这种人属于例外。大部分情况下，如果你对顾客说"感谢光临。我们向您致以最诚挚的谢意"，那么一般来说顾客都会感到非常愉悦。因为"诚挚的谢意"代表的是发自内心的感谢。如果将感谢的话语重复说上两三遍，对方一定会心生喜悦。甚至，顾客回到家中，也会把这件事情讲给他的家人，与家人分享这份喜悦。

职场是人生最好的修炼场

仔细想来，酒店能否为众多客人带去喜悦，能否在喜悦的氛围之中持续经营下去，都取决于诸位。厨师要烹饪出美味佳肴，接待人员要与客户贴心交流。大家应该通过这些真诚的行动让客人感受到愉悦。

如果无法在酒店的工作中体会到快乐的话，我建议大家最好还是不要从事这个行业，这说明酒店行业并不适合你。如果硬要留在这个行业，不仅对自身来说是一种痛苦，对酒店来说也是一种灾难。如果大家都能从自己的这份工作中感受到喜悦，那么就一定能够取得丰硕的成果。

因此，所谓自我磨炼，就是给自己设定一个目标，比如在5年之内成长为一个更好的人。在这一点上，对大家而言，酒店是最理想的自我磨炼场所。在这里，实现自我提升的机会随处可见。同时，我们也能够在不经意间通过客人们的言谈举止学会什么可为，什么不可为。在这方面，我认为再也没有比这里更合适的地方了。如果用心去做酒店工作的话，那么这里绝对会是诸位实现自我、完善自我的理想之所。

如果大家能够认识到这一点，那么就不会彼此抱怨了。但如果大家缺乏这样的认识，那么就可能引起很多不满。如此下去，服务人员在工作中漫不经心，顾客就会心生不悦。而这种情绪反过来又会影响到自己，让自己的心情郁郁沉沉，最终形成恶性循环。这对于酒店来说也是件麻烦的事。如果不能让广大顾客满意而归，酒店的经营很难顺利维持。

任何工作，只要我们用心去做，总能从中找到自己感兴趣的地方。特别是对于酒店员工来说，如果大家将职场视为磨炼和提升自己的地方，那么兴趣自然而然就会涌现出来。如果无论如何都无法产生兴趣的话，我认为就有必要好好思考一下其中的原因了。

第六章　以顾客之喜悦为自身之喜悦

我们需要时常开会,共同探讨如何经营才能让客人更加满意,让彼此都感到生活的意义。这样做能汇集大家的聪明才智,让酒店在竞争之中胜出。希望诸位务必在这方面多进行研究。

喜悦带来福泽

最近,日本的产业发展十分迅速。同时,整个日本也在逐渐复兴和发展。近来日本在全球舞台上的地位愈发重要,并且这种趋势也在逐年增强。

我认为未来日本会建设更多酒店。像这样高品质的酒店在大阪、东京乃至整个日本境内都会随处可见。这种举措也是必要的。如此一来,许多人来到日本,体验优质经营的高端酒店,然后带着喜悦尽兴而归,这将为国家带来巨大的利益,也有利于增进国际友谊,带来诸多方面的成果。

如果客人在酒店住得满意,那么他们来我们公司谈业务的时候心情也会很好,进而我们的商谈也会很顺利。这样一来我们也跟着受益了。

这家酒店的经营与我们其实并没有直接关系,但是大家的行为、酒店的经营却直接关系到我们的生意。所以我在这里想拜托大家一件事情,那就是

第六章 以顾客之喜悦为自身之喜悦

希望大家能将酒店经营工作做得出色卓越。如果每家酒店都能做到这一点,那么松下电器也就能随之发展壮大了。所以我觉得有必要向大家提出这个请求。

虽然铃木先生拜托我来给大家讲两句,但我觉得是我要拜托大家才对。我不能要求大家向自己接待的每一位顾客都推荐松下电器,这种做法实在是太不合适了,但我猜可能也会有人愿意帮我们这样做。或许由大家来说的话,会少些异样感,如此松下电器的知名度也能得到提升。

这样一来,这就不再只是大家个人的事情或者广场酒店的事情,而是与松下电器关联起来了。因此,我今天来到这里,向诸位提出我的请求,希望得到大家的支持,就如同我与松下电器全体员工交流时的心情是一样的。

从这个角度来看,我觉得我们的工作也是不错的。但是我们的工作面对的是不会言语的材料,要对其进行切割或拧转,而大家的工作却是与活生生的人打交道。大家可以通过这份工作找到自己人生的价值，所以大家的工作要比我们的工作更有意义。因此，是否能够在这份工作中体会到人生的意义就显得至关重要。希望大家都能找到工作中的人生意义。

我之前讲到过一位少年立志成为酒店学徒，甚至不惜违背父亲的命令不去读高中。我认为这件事令人感触很深。如果大家也都具备这种想法的话会怎样呢？有人觉得这种想法太天真了，绝对不能这样想。但如果大家都能对自己的工作抱有这样的兴趣，能够像那位少年一样讲出工作的核心的话，我觉得是非常了不起的。

如果诸位都能成为独当一面的职场达人的话，那么酒店的经营工作肯定会一帆风顺。不仅是酒店的经营，一切事情都会易如破竹。

我们可以承蒙福泽，顺利工作，我们也可以在福泽的庇佑之下事业步步高升。

在痛苦中成长

生活中有些事情会让我们很受打击，还有些事情会让我们怒不可遏。但是这种事情无论在哪里都会发生，世界上没有永远的一帆风顺，生活就是喜忧参半，但是看待挫折的方式却在很大程度上影响着我们的人生。

我们都会为喜事儿而感到高兴，但欢喜的背后也藏着令人痛苦的一面，令人愤慨的一面，抑或是令人羞愧的一面。

有时我们会想放弃。但如果这时候，我们能再深入地思考一下，就会发觉这其实是最好的学习机会。如果我们能从挫折中汲取经验，认识到这是对我们最好的历练，从而锻炼出一颗坚韧的心的话，那么我们一定能够由此实现巨大的自我突破。

虽然我们没有机器，不能具体测量这种变化，但如果有的话，我相信机器的指针一定会嗖的一下转动起来，这种变化诸位可以自己去感受。例如你最近一直在苦思冥想某一问题，如今终于有所领悟，这种时候指针就会转动起来。

有那么一段时间，我也曾觉得苦不堪言，甚至想干脆破罐子破摔算了。但最终我没有放弃，在最后一刻我选择了坚持下来。

PHP 杂志至今已经发行了 23 年。我们于 1946 年 11 月 3 日成立了 PHP 研究所，并于次年开始发行刊物 *PHP* 直至今日。当时，我一度陷入了巨大的精神痛苦之中。政局动荡不堪，而我对此却无能为力。可以说当时的我已经被逼到了绝境。

但那时的我坚持了下来，并开始了对 PHP 的研究。这可能算是一种逃避的方式。因为当时的我陷入了极度痛苦的绝境，所以才开始思考 PHP。

如果不是这样，如果我在第二次世界大战后的艰苦时期中寻找到了一丝光明的话，或许我就

第六章　以顾客之喜悦为自身之喜悦

不会考虑创办 PHP 了。我当时正因为身处痛苦之中，才创办了 PHP。在我看来，这就好比在沼泽之中咬紧牙关，最后终于抓住了一根稻草。那根稻草就是 PHP。

我认为苦难未必是坏事。苦难是我们人生的必经之路。但是我们不能深陷其中，绝不可以深陷于苦痛之中不出来。面对苦难，我们必须重整旗鼓，寻找出路。

想必大家在工作中也会碰到这种事情。很多人可能会轻易放弃，但这种选择的结果往往令人遗憾。我认为，我们还是要坚持、坚持、再坚持，在这个过程中不断磨炼自身，逐渐让自己成长为一个优秀的人。

虽然铃木先生一脸福相，但他还是免不了有些担心，所以这才找到我，想让我来讲两句。如果铃木先生真的一点也不担心的话，就不需要找我帮忙了。毕竟我也是个不善言辞的人。请大家与铃木社长一起为公司的未来谋划。我认为这份工作大概会是铃木先生的最后一份工作了，所以我真心希望大家团结一心，取得辉煌的成果。谢谢大家。

广场酒店株式会社社员研修会
1969 年 10 月 1 日
于广场酒店（大阪）

松下幸之助生平年表

1894 年　11 月 27 日，出生于和歌山县海草郡和佐村
1904 年　小学中途退学，只身前往大阪做学徒
1910 年　作为内线员实习生入职大阪电灯公司
1915 年　与井植梅野结婚
1917 年　从大阪电灯公司辞职，尝试独立创业
1918 年　创办松下电气器具制作所
1923 年　设计发售炮弹形电池式自行车灯
1927 年　发售贴有"National"商标的角型灯
1932 年　举办第一届创业纪念仪式，将这一年定为知命元年
1933 年　实施事业部制，确定松下电器应遵循的"五大精神"
1935 年　对松下电气制作所进行股份制改革，成立松下电器产业株式会社
1940 年　召开第一次经营方针发表会
1946 年　被指定为财阀家族，受到七项限制；创办 PHP 研究所，开始 PHP 研究
1949 年　被报道为"税金滞纳大户"
1952 年　与荷兰飞利浦公司达成技术合作意向
1955 年　收入排名日本第一
1961 年　辞去松下电器社长一职，就任会长
1964 年　举办热海会谈
1972 年　出版《思考人类》，倡导"新人类观"
1973 年　辞去会长一职，就任顾问
1977 年　出版《我的梦，日本梦　21 世纪的日本》，描绘了日本的未来图景
1979 年　创办松下政经塾，就任理事长兼塾长
1983 年　创立"思考世界的京都座谈会"，出任会长
1987 年　获得勋一等旭日桐花大绶章
1989 年　4 月 27 日去世，享年 94 岁

图书在版编目（CIP）数据

顺时而动：衰退中的企业经营与日本政治 /（日）松下幸之助著；杨瑀桐译. —北京：东方出版社，2025. 7. -- ISBN 978-7-5207-4399-0

Ⅰ. F272.3

中国国家版本馆 CIP 数据核字第 2025BA0819 号

KEIKI YOSHI FUKEIKI MATA YOSHI By Konosuke MATSUSHITA
Copyright © 1996 PHP Institute, Inc.
All rights reserved.
First original Japanese edition published by PHP Institute, Inc., Japan.
Simplified Chinese translation rights arranged with PHP Institute, Inc.
through Hanhe International (HK) Co., Ltd.

本书中文简体字版权由汉和国际（香港）有限公司代理
中文简体字版专有权属东方出版社
著作权合同登记号 图字：01-2024-1468 号

顺时而动：衰退中的企业经营与日本政治
(SHUN SHI ER DONG: SHUAITUI ZHONG DE QIYE JINGYING YU RIBEN ZHENGZHI)

作　　者：	[日]松下幸之助
译　　者：	杨瑀桐
责任编辑：	刘　峥
责任校对：	孟昭勤
封面设计：	李　一
出　　版：	东方出版社
发　　行：	人民东方出版传媒有限公司
地　　址：	北京市东城区朝阳门内大街 166 号
邮　　编：	100010
印　　刷：	北京汇林印务有限公司
版　　次：	2025 年 7 月第 1 版
印　　次：	2025 年 7 月第 1 次印刷
开　　本：	787 毫米 × 1092 毫米　1/32
印　　张：	10.5
字　　数：	149 千字
书　　号：	ISBN 978-7-5207-4399-0
定　　价：	56.00 元
发行电话：	（010）85924663　85924644　85924641

版权所有，违者必究
如有印装质量问题，我社负责调换，请拨打电话：(010) 85924602　85924603

作为全球知名企业家，松下幸之助曾经影响了不止一代经营者，其经营理念、人生哲学备受全球读者推崇。伴随我国经济社会不断发展，中小企业越来越活跃，其对学习如何经营企业的需求愈发旺盛。为满足众多企业家的阅读需求，我社与松下幸之助先生创办的PHP研究所开展战略合作，将继续引进PHP珍藏书系。已出版发行的《天心：松下幸之助的哲学》等20多种图书备受欢迎。

已出版的松下幸之助经典作品

①《道：松下幸之助的人生哲学》

松下幸之助人生智慧的总结，畅销566万册的代表作。告诉我们如何提升人格，如何提高效率，如何做出正确决定，如何获得价值感，如何面对困境和挑战，如何建立自信，如何培养坚定信念和独立精神，如何与人、组织、国家、社会协调关系，从而走上正确的、宽广无限的道路，度过美好人生！

②《天心：松下幸之助的哲学》(平装)(精装)(口袋版)

天心是松下幸之助人生和经营思想的原点，是他勇夺时代先机、实现制度和技术创新的秘诀，更是广大读者学习"经营之神"思维方式的必读书。

③《成事：松下幸之助谈人的活法》

做人做事向往美好，从善的角度思考。想方设法做成事的强烈热情是创造的源泉。

④《松下幸之助自传》

松下幸之助亲笔所书的唯一自传，完整讲述其成长经历和创业、守业历程。精彩的故事中蕴含着做人做事的深刻道理。

⑤《拥有一颗素直之心吧》

素直之心是松下幸之助经营和人生理念的支点和核心。素直之心是不受束缚的心,是能够做出正确判断的心,一旦拥有素直之心,无论经营还是人际关系抑或其他,都会顺利。

⑥《挖掘天赋:松下幸之助的人生心得》

松下幸之助遗作、90岁成功老人对人生的回顾与思考,凝聚一生感悟。充分挖掘自身天赋、发挥自身潜能,才能度过充实而精彩的人生。

⑦《如何工作:松下幸之助谈快速成为好员工的心得》

怎样快速成为一名好员工?松下幸之助在三部分内容中分别面向职场新人、中坚员工、中高层管理者三类人群有针对性地给出中肯建议。

⑧《持续增长:松下幸之助的经营心得》

如何在艰难期带领企业突围和发展?松下幸之助结合自身半个世纪的实践经验,从经营和用人两方面道出带领企业在逆境中稳步发展的真髓。

⑨《经营哲学:松下幸之助的20条实践心得》

一家企业想做久做长离不开正确的经营理念,"经营之神"松下幸之助基于自身五十多年的实践经验指出,坚持正确的经营理念是事业成功的基础和必要条件。

⑩《经营诀窍:松下幸之助的"成功捷径"》

企业经营有其内在规律,遵循经营的规律、把握其中的诀窍至关重要。松下幸之助在书中分享了自己经营企业五十多年间积累下的37条宝贵心得。

⑪《抓住商业本质:松下幸之助的经商心得》

企业要少走弯路,就得抓住商业本质,遵循基本逻辑。本书凝聚了一位国际知名企业家对商业本质和企业经营规律的深刻理解。

⑫《应对力：松下幸之助谈摆脱经营危机的智慧》

松下电器自成立以来经历了战争、金融风暴等重大危机，卓越的应对力使其在逆境中实现成长。应对力是帮助企业摆脱困境的法宝，是领导者的必备素养。

⑬《精进力：松下幸之助的人生进阶法则》

精选松下幸之助讲话中的365篇，可每日精进学习其对人生和经营的思考。

⑭《感召力：松下幸之助谈未来领导力》

感召力是一种人格魅力，是面向未来的最有人情味的领导力，本书旨在帮助有理想的普通人提升感召力。

⑮《智慧力：松下幸之助致经营者》

讲述了满怀热情、肩负使命、坚守正道、成就尊贵人生的智慧。

⑯《道路无限》

松下幸之助人生哲学经典读本，写给青年的工作和人生忠告。改变了无数人命运的长销书，20年间重印高达78次。

⑰《开拓人生》

松下幸之助创作的人生随想集，作者随时想到随时记录下的人生思考。针对当下社会内卷，赋能人心，带来治愈、激励和力量。

⑱《员工必修课》

员工的活法和干法。收录了松下幸之助对松下电器内部员工和外部青年人士的讲话，核心观点是"员工自主责任经营"，强调每位员工都是自己岗位、自己工作的老板和主人翁。

⑲《领导者必修课》

"经营之神"松下幸之助经常带在身边的学习用书,领导者必备的教科书。松下幸之助从众多历史人物和历史事件中精选了101条杰出领导者应具备的素养。

⑳《重要的事》

松下幸之助人生哲学精华集,青年必读经典读本。松下幸之助一生经验和心得的总结,辅以温暖治愈系插画,用轻松易读的形式呈现人生智慧。

㉑《更重要的事》

松下幸之助人生哲学精华集,青年必读经典读本。松下幸之助一生经验和心得的总结,辅以温暖治愈系插画,用轻松易读的形式呈现人生智慧。

㉒《必须赢利》

世界500强企业松下电器创始人松下幸之助的经营实学,讲述企业经营中的实际问题,实操、具体。书中深入阐述了销售与竞争、中小企业困境、企业出海等问题。

㉓《水库式经营》

水库式经营是松下幸之助的经营实学的核心理念。它是日本"经营之圣"稻盛和夫在《活法》中提到的经营理念,是其"人人都是经营者""在经营上留有余裕"理念之缘起与思想原点。